| 홍문화농가 |

"과일을 재배하는 것은 농부의 몫이지만, 농부가 수확한 과일을 소비자에게 전달하는 것은 유통의 몫이다. 조향란 대표가 이 책에서 강조하는 '착한 유통'이란 농부에게는 근심 없이 농사에 전념할 수 있는 환경을, 소비자들에게는 가장 맛있는 시기에 수확한 제철과일을 제공하는 것을 말한다. 난 평생 과일농사에 잔뼈가 굵은 사람이지만 이보다 더 좋은 과일유통을 만난 적은 없다."

| 장대평 전 농림수산식품부 장관 |

"좋은 과일농사는 어 렵다. 하지만 농부들이 자연의 순리대로 안심하고 재배해도 손해 보지 않는다면 고객들은 맛있는 과 에서 이게 어떻게 가능하게 되었는지 조목조목 는 과정이 아니라 감동으로 연결되어야 한다고 곳곳에 넘쳐나길 기대한다."

| 화성시 윤태원 농정과장 |

"소비자가 원하는 최고의 과일을, 착한 가격으로 제공하기까지 16년간 과일유통 외길을 걸어온 조향란 대표의 뚝심과 철학이 담긴 책이다."

| 전 AT 처장 신광수 |

"일본에서 3대째 가업을 이어오며 고품질 과일만을 판매하는 〈센비키야〉와 〈다카노〉처럼 올프레쉬는 한국의 고품질 전문과일 시장의 첫 문을 여는 계기가 될 것이다."

| AT 일본지사 김형표 과장 |

"16년 전 '복숭아를 팔고 싶으니 일본 바이어를 소개해 달라'는 전화 한 통을 받으며 조향란 대표와의 인연이 시작되었다. 당시 신중하기로 유명했던 일본 바이어가 아무런 담보도 없이 조 대표에게 개인적으로 자금을 빌려주는 등 그녀는 국경을 넘어 신뢰를 얻으며 기반을 넓혀갔다. 이 책에는 무모해 보이지만 역경을 극복한 어느 '유통여장부'의 당찬 도전의 역사가 고스란히 담겨 있다."

| 전 일본 세븐일레븐 본사 이토 요카도 구매담당 다이찌로 시마다 |

"그의 곧은 성격과 자신감이 지금의 성공을 만들었다고 생각한다. 지금까지의 수많은 어려움을 긍정적으로 극복해온 모습에 존경의 마음을 금할 수 없으며, 그가 걸어온 길이 많은 이들에게 좋은 본보기가 될 것을 확신한다."

과일 CEO

과일 CEO

초판 1쇄 발행 2013년 12월 1일

지은이 조향란
펴낸이 김재현
펴낸곳 지식공간

출판등록 2009년 10월 14일 제300-2009-126호
주소 서울 은평구 역촌동 28-76 5층
전화 02-734-0981
팩스 0303-0955-0981
메일 editor@jsgonggan.co.kr
카페 cafe.naver.com/jsgonggan
블로그 blog.naver.com/nagori2
페이스북 www.facebook.com/#!/jisikgg

편집 권병두
디자인 엔드디자인 02-338-3055

ISBN 978-89-97142-22-4 03320

이 도서의 국립중앙도서관 출판시도서목록(CIP)은 e-CIP 홈페이지(http://www.nl.go.kr/ecip)와 국가자료공동목록시스템(http://www.nl.go.kr/kolisnet)에서 이용하실 수 있습니다.
(CIP제어번호: CIP2013019852)

CEO 농부 시리즈 03

도시인에게 과수원을 팔다

과일 CEO

썸머힐상사 대표 **조향란**

지식공간

시작에 앞서

시장을 쥐락펴락하는 거인에게도 약점은 있다.

철옹성 같은 기성 시장에도 빈틈은 있다.

나처럼 가진 것 없이 출발한 사람에게도,

기회는 있는 법이다.

"국내 과일 시장은 농협과 대기업 거상들이 꽉 잡고 있는 것 아닌가요?"

2007년 일본 수출에서 국내 시장까지 판로를 확대하려고 마음먹고 있을 때 사람들이 이구동성으로 던진 말이다. 대한민국에서 농협은 그냥 기업이 아니다, 되지도 않는 일에 뛰어들지 마라, 하던 일이나 잘하라는 충고였다.

이런 얘기는 16년 전인 1998년 일본에 복숭아를 수출할 때도 들은 적이 있었다. 까다롭기로 유명한 일본 기업 이토 요카도(ITO YOKADO)와 거래를 틀 때였다. 그때도 사람들은 '힘들게 뭐 하러 일본에 수출하느냐, 그냥 편하게 국내 시장에 팔면 되지 않느냐'며 내게 충고했다.

하지만 판로를 개척하거나 확대해야 할 이유가 내게는 너무 뚜렷했다. 시장이 변하고 있었기 때문이다. 시장은 마치 썰물 밀물 같아서 차올랐다가 빠지기를 반복한다. 다만 자연과 달리 언제 어떻게 변할지 모른다. 그래서 예측이 어렵고, 그래서 다양한 판로가 필요했다.

1998년 일본 이토 요카도에 복숭아를 들고 찾아갔을 때는 IMF의 영향으로 국내 경기가 최악이었고, 2007년 국내 백화점과 베이커리업체로 발길을 옮겼을 때는 일본 경기가 바닥으로 떨어지고 있었다. 제아무리 상품에 대한 자신감이 높더라도 시장을 이길 수는 없는 법이다. 누가 말했던가, 품질은 믿어도 시장은 믿지 말라고. '경기가 아무리 나빠도 우리 상품은 절대 죽지 않을 거야.' 하고 자만심을 품는 순간, 기다렸다는 듯이 배신하는 게 시장 아닌가. 만일 그렇게 되면 나를 믿고 따르는 농가를 곤경에 빠뜨릴지도 몰랐다. 그래서 사람들의 걱정과 반대에도 불구하고 판로 개척에 나섰던 것이다.

어렵게 진출한 국내 시장에서도 걸림돌은 존재했다. B2B의 고질적인 문제, 즉 거래업체의 일방적인 물량 조절이었다. 한번 신용이 맺어지면 늘 일정하게 물량을 공급할 수 있는 일본 거래처와 달리 국내 거래처는 아무 이유 없이 물량을 조절하며 우리 업체를 견제했다. 물론 나름 이유는 있었다. 이 납품업체는 우리 딸기를 사용한 뒤로 매출이 성장했지만 안정적인 공급체제를 갖추기 위해 거래처를 이원화할 수밖에 없는 상황이었다. 한 업체만을 위해 일해 왔는데, 한국 유통구조를 미처 파악하지 못한 나의 무지였다. 발등에 불이 떨어졌다. 나를 믿고 있는 농가들에게 실망감을 안겨줄 수는 없었다. 그런 절박함 때문에 B2C까지 판로를 확장해야겠다고 생각했다. 소비자에게 '친환경 제철과일'을 직접 제공하기로 마음먹은 것이다. 그 뒤로 B2C 준비를 마치고 2012년 드디어 고급 과일 브랜드 올프레쉬를 내놓았다.

우리는 소비자와 직접 소통할 수 있는 공간을 세 가지로 구분했다. 첫째는 온라인 공간이었다. 홈페이지 가입을 통해 온라인으로 주문을 받고 직송하는 방식을 택했다. 둘째는 오프라인 공간이었다. 서울 용산구 한남동에 과일 카페 올프레쉬 1호 매장을 개장, 도심 속 휴식공간을 마련하여 일반 카페처럼 과일을 다양한 방식으로 즐길 수 있도록 했다. 마지막으로 2013년 5월부터 시도하고 있는 찾아가는 과일 장터, 즉 파머스 마켓을 오픈했다. 도심 속에 과일 장터를 열어 소비자와 농가가 직접 소통할 수 있도록 만든 공간이다.

그리고 채 1년이 지나지 않은 2012년 말, 아직 성과라고 하기는 어렵지만 해외수출, 국내유통 등의 판로를 통해 우리는 연매출 64억을 거두며 가능성을 엿보았다. 고급 과일 시장 분야에서 '신흥 강자'가 되기 위한 첫걸음이 완성된 것이다. 2013년 70억을 기점으로 2년 후인 2015년에는 100억 매출이 우리의 목표다. 궁극적으로는 '소비자에게 늘 새로운 가치를 제공하고, 농가에게 신뢰받는 과일 유통업체'가 우리가 지향하는 지점이다. 과일은 알면 알수록 가능성이 참 무궁무진한, 자연의 놀라운 선물이다.

2013년 10월

썸머힐상사 대표 조향란

차 례

프롤로그

맛있는 과일이 이루어낸 착한 유통
– 유통은 삼통(三通)이다

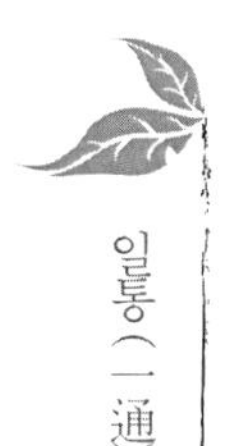

일통(一通)

생산자와 통하라
– 착한 유통 올프레쉬의 출발

이통(二通)

고객과 통하라

- 도시인에게 과수원을 팔다

삼통(三通)

진심과 통하라

- 나는 신뢰를 어떻게 배웠나

에필로그

자신을 지키는 힘

맛있는 과일이 이루어낸 착한 유통

: 유통은 삼통(三通)이다 :

유통의 한자어는 '흐를 유(流), 통할 통(通)'으로, 흘러서 막힘이 없다는 뜻이다. 유통을 하려면 3가지와 통해야 하는데 첫째 생산자와 통해야 하고, 둘째 고객과 통해야 하고, 마지막으로 진심(盡心)과 통해야 한다. 그래서 유통은 삼통(三通)이다.

과일 유통시장의 틈새를 발견하다

과일의 맛을 결정하는 것은 무엇일까? 종자, 농부의 땀방울, 땅, 햇빛, 날씨, 비료 등 무엇 하나 빠져서는 안 된다. 그런데 이 가운데 제일 중요한 게 한 가지 있다. 수확시기이다. 과일은 가장 잘 익었을 때 따야 맛이 제일 좋다. 조금만 빠르거나 조금만 늦어도 과일은 맛이 뚝 떨어진다. 그런데 실제는 어떤가. 성장촉진제를 써서 수확시기를 앞당기는 농가들이 있다. 물론 이렇게 인위적으로 수확시기를 조절해도 맛만 좋다면 상관이 없겠지만 대개는 자연 속에서 무르익도록 잘 보살폈을 때보다 맛이 떨어진다.

농가들 역시 이 사실을 잘 알고 있다. 그럼에도 불구하고 왜 과일을 서둘러 수확할까? 이유는 두 가지다.

첫째는, 맛좋은 과일을 재배해 봐야 유통업체에서 알아주지 않기 때문이다. 물론 일부 경매 시장에서는 품질에 따라 가격을 매기기도 한다. 하지만 물량이 넘칠 때는 가격 변동이 심하여 제대로 된 가격을 보장받지 못한다. 또한 유통업체는 대규모 물량을 취급하기 때문에 고급 품질의 과일은 필요로 하지 않았다. 맛이 좋건 나쁘건 똑같은 가격으로 구매한다. 생각해 보라, 정성 들여 맛있는 과일을 재배했는데 유통업체에서 제대로 대우해주지 않는다면 어느 농부가 굳이 때를 기다려 과일을 수확하겠는가. 더욱이 맛좋은 과일을 재배하려면 전체 물량의 20%는 버려야 하는데 말이다(솎아주는 것과 비슷한 원리다!).

둘째는, 제값을 못 받을까 봐 두렵기 때문이다. 아니 제값은 둘째치고 행여 과일 풍년이라도 들면 과일 값이 바닥으로 떨어지기 때문에 미리미리 팔려고 하는 것이다. 믿고 기다려주는 거래처가 없으니 농가로서는 이렇게라도 대책을 마련하지 않으면 안 되는 것이다.

이러한 두 가지 이유로 많은 농가들이 제철과일을 포기하고 시장 논리에 따라 수확시기를 앞당기고 있는 것이 우리나라 과일 농사의 현실이다.

나는 여기서 틈새를 보았다.

과일 소비자 중에는 맛 좋은 과일, 즉 우리가 흔히 제철과일이라고 부르는, 빠르지도 늦지도 않게 잘 익은 과일을 즐기고 싶어 하는 고객이 있기 마련이다. 혹은 누군가에게 고급 과일을 선물하고 싶어 하는 사람도 존재한다. 그들은 그에 합당한 비용을 지불할 의향이 있다. 더욱이 시장이 변하고 있다면, 즉 우리나라 과일 시장이 일본처럼 발달하고 세분화되고 있다면 분명 프리미엄 과일 시장은 유망하다고 생각했다.

나는 16년 전 일본에 복숭아를 수출하면서 과일 유통업에 몸을 담았다. 그 십여 년의 경험을 통해 나는 앞으로의 이 시장을 움직이는 가장 큰 힘은 '과일의 품질'이 될 것이라고 생각했다. 기존의 유통이 공급하는 과일이 아니라 진짜 제철과일을 찾는 소비자가 점점 많아진다면, 나아가 만일 누군가 그 품질을 지킬 수만 있다면 한번 해볼 만한 게임이라고 판단했다. 때에 맞게 출하하는 과일을 우리는 '제철과일'이라고 부른다. 대한민국 시장에 깔려 있는 과일은 그런 의미에서 제철과일이 아니다. 철에 따라 수확한 게 아니라 철저히 시장 논리에 따라 때 이르게 출시된 '제품'이다. 그런 과일은 과일이 아니라 장삿속이다. 타 업종에서는 비즈니스의 권력이 생산자에서 소비자로 넘어갔는데 여전히 과일 시장에서는 소비자가 주도권을 쥐고 있지 못하다. 이 시장에서는 예전부터 생산자보다 유통업체가 막강한 파워를 지니고 있었다. 하지만 설령 유통의 힘이 세더라도 물살의 변화는 무시할 수 없는 법이다. 과일 시장에서도 새로운 소비자가 출현하고 있었다. 그들은 과일을 구매하는 방식도 다르고, 찾는 품질도 다르고, 과일을 통해 체험하려는 내용도 다르다. 그게 내가 정의한 새로운 과일 시장이었다.

시장을 설정하고 나니 해결해야 할 문제 역시 뚜렷해졌다.

첫째 문제는 농가를 설득하는 일이었다. 기존 유통업체와 고리를 끊고 양질의 과일을 재배하도록 유도하려면 그에 합당한 보상이 필요했다. 제값을 쳐주는 일과 지속적으로 거래가 유지될 수 있도록 물량을 소화하는 일이 내가 해결해야 할 일이었다.

둘째 문제는 고객에게 높은 가격을 어떻게 설득할 것인가 하는 점이었다. 백화점보다는 15~30% 저렴한 가격에 판매했지만 그래도 일반 시장에 비해서는 상대적으로 높은 가격에 팔 수밖에 없다. 이에 대한 우리의 대안은 이랬다.

'우리는 무엇을 파는가? 단순히 보다 좋은 과일을 파는 것이라면 소비자들은 납득하지 못할 수 있다. 하지만 과일이 아니라 다른 무엇을 판다면? 예컨대 애플이 아이폰을 런칭할 때 전자매장이 아니라 패션매장에서 팔면서 아이폰을 휴대폰이 아닌 새로운 가치로 정의했듯이 우리 역시 과일의 가치를 새롭게 정의한다면? 즉 과일이 아닌 '과수원의 경험' 같이 색다른 가치를 파는 것이라면 고객도 충분히 납득할 수 있지 않을까?'

두 가지 모두 설득이 필요한 문제였다. 나는 농가와 고객을 설득하기 위해 단기적인 이익을 앞세우지 않았다. 내가 꿈꾸는 시스템이 갖추어지면 농가와 고객 모두 윈윈이 되리라는 마음으로 조금씩 접근했다. 내가 그들을 설득한 최대의 무기는 진심이었다.

유통은 삼통(三通)이다. 유통을 하려면 세 가지와 통해야 한다. 먼저 생산자와 통해야 하고 다음 소비자와 통해야 한다. 마지막으로 진심과 통해야 한다. 〈올프레쉬〉는 이 사업의 브랜드명이기도 하지만 이 유통 구조를 처음 생각했을 때 가졌던 내 마음가짐을 변함없이 지키겠다는 의도도 있다.

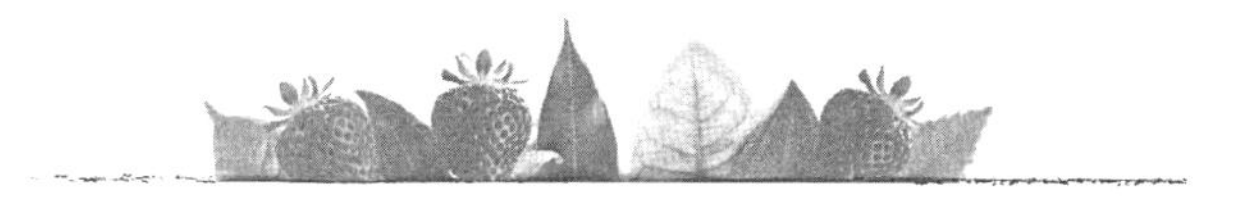

'빨리빨리'를 버리면 과일이 맛있어진다

'친환경은 이미 밀려온 파도이고, 질 좋고 맛 좋은 프리미엄 과일은 현재 밀려오고 있는 파도이다. 그렇다면 이를 목격한 나는 지금 무엇을 해야 할까?'

과일 유통업을 시작한 이후 하루도 뇌리를 떠나지 않는 생각이다. 자기가 생산해서 자기 혼자 먹는다면 누군들 프리미엄 과일을 생산하지 못할까. 그러나 시장에 내놓는 것이 목적이라면 문제가 달라진다. 맛 좋은 프리미엄 과일을 생산하는 것은 농부 혼자 해결할 수 없는 문제였다. 물건을 떼다가 팔면 끝나는 것이 아니라 농가가 믿고 일할 수 있도록 멍석을 깔아주는 유통업체가 절대적으로 필요했다.

기존 시장 논리를 따르는 농부들의 마음은 이렇다.

'수요는 높고 공급은 적을 때 팔아야 제값을 받을 수 있다.'

공급과 수요가 만나는 지점에서 가격이 형성된다. 그런데 과일은 공산품이 아니기 때문에 아무 때나 생산되는 것은 아니다. 공급 물량이 한꺼번에 쏟아진다. 가격이 내려갈 수밖에 없다. 물량이 많아지기 전에 수확해야 조금이라도 비싼 값에 팔 수 있다. 그러다 보니 덜 익은 과일을 미리 따거나 혹은 성장을 촉진하여 수확시기를 앞당긴다. 당연히 맛은 어느 기준만 넘으면 충분하다고 생각한다. 임금님도 먹고 울고 갈 과일을 길러보겠다며 소신을 지키는 사람도 있지만 때를 기다린 보람은 돌아오지 않는다.

여기에 내 역할이 있었다. 누군가 유통을 책임진다면 농부는 적기에 가장 맛좋은 과일을 수확하여 충분히 좋은 값으로 판매를 할 수 있다. 대신 유통하는 사람은 농부에게서 과일의 최적기가 언제인지 배워야 한다. 그래야 그때에 맞춰 유통을 진행할 수 있기 때문이다. 이처럼 과일이 가장 맛있을 때 수확하기로 시기를 정해놓고 그에 맞게 유통을 할 때 농부, 유통업자, 고객이 모두 만족하는 결과를 얻는다.

우리나라 과일 시장의 대부분은 농협과 대기업이 지배하고 있다. 대규모 유통은 근본적으로 양질의 품질 관리가 어렵다는 단점이 있다. 만일 고객이 국산 과일이 맛없다고 인식하게 되면 어떤 일이 벌어질까. 곧 수입 과일로 발길을 돌리게 된다.

세계와 비교하면 우리나라 과일시장은 소규모 시장에 속한다. 국내 복숭아를 수출할 때 컨테이너박스 하나도 가득 채우기 어려웠는데 수입 과일은 여러 개의 컨테이너박스가 한 번에 수입될 만큼 물량이 많다. 상황이 이러니 과일 대국들과의 경쟁은 불가능하다고 보는 게 옳다. 이런 소규모 농업 국가에서 대량으로 밀고 들어오는 수입 과일에 어떻게 대항할 수 있을까. 아무나 흉내 낼 수 없는 고품질이 답이다.

나는 뜻이 맞는 소규모 농가를 발굴하여 프리미엄 과일 시장을 개척하자고 뜻을 모았다. 믿을 수 있는, 맛있는 과일을 유통하려면 현재로는 소량 생산이 유일한 답이었다.

유통업 초기에 복숭아를 수출하면서 동시에 국내시장을 개척한 이유도, 여름딸기를 개발하며 베이커리업체에 납품을 시작한 이유도, 올프레쉬 브랜드를 새롭게 런칭한 이유도 모두 똑같다. 농가에게 나를 믿고 프리미엄 과일을 생산해 달라고 요구하려면 나는 그들이 재배한 과일을 적절한 가격에 하나도 남김없이 팔아야 할 의무가 있었다. 좋은 과일을 지속적으로 수확할 수 있으려면 꾸준히 판매할 수 있는 시장을 개척하는 것이 필요했다.

지난 16년 동안 친환경 과일을 백화점에 공급하고 수출까지 할 수 있었던 원동력은 농가와 상생하겠다는 의지, 소비자에게 새로운 가치를 제공하겠다는 자부심이었다. 올프레쉬라는 브랜드로 365일 제공하는 명품 과일, 가장 맛있는 시기에 출하한 제철과일들을 선보이게 된 것은 뒤에서 땀 흘리며 나를 믿고 과일 농사에 한 몸 바친 농가들 덕분이다. 인생은 속도가 아니라 방향이라고 한다. 농부가 믿고 일할 수 있으려면 나는 '빨리'가 아니라 '품질'에 포커스를 맞춰야 했다. '빨리빨리'를 버리면 과일이 맛있어진다.

과일이 아니라 '과수원의 경험'을 팝니다

사람들은 과일을 살 때 맛없는 것을 고를지도 모른다는 의구심을 갖기 마련이다. 때깔만 보고 골랐다가 낭패를 본 적이 한두 번이 아니기 때문이다.

우리는 '회원 가입-주문-배달'의 방식으로 과일을 판매하기로 했다. 눈썰미 있고 경험 많은 고객만 좋은 과일을 골라가는 예전 방식을 탈피하고 고객 누구에게나 양질의 과일을 제공하기 위한 방편이었다. 만일 고객이 맛없는 과일을 받았다면 이때 책임의 소재는 너무 분명해진다. 그건 우리가 과일을 잘못 선별했기 때문이다. 하지만 맛 때문에 고객 클레임을 받은 적은 거의 없었다.

"와, 이거 어릴 때 과수원에서 먹었던 그 맛이네!"

우리가 받은 피드백들은, 맛있는 과일은 근래에 처음 먹어본다는 내용이 주를 이루었다. 여태껏 먹었던 과일들은 제철에 수확하지 않았기 때문에 제 맛을 즐길 수 없는 게 당연하다. 또한 제철과일이더라도 화학비료 대신 자연퇴비와 미네랄을 뿌리고 농부가 지극정성으로 돌봐야만 과일 본래의 맛이 살아난다. 올프레쉬 과일이 신선하다고 느끼는 것은 단지 친환경적으로 재배했기 때문만은 아니다.

예년 같으면 이미 수확하여 시장에 내보냈을 과일들을 단 며칠 늦게 수확한 것만으로도 과일은 이미 다른 과일이 된다. 물론 제철에 앞서서 마트에 깔려 있는 과일을 볼 때마다 조바심이 나는 것도 사실이다. 그래도 우리는 기다렸다. 과일이 본래의 맛을 낼 때까지 기다려서 딴 덕분에 '과수원에서 먹던 맛'이라는 말을 듣는다.

과수원 한가운데 파수꾼처럼 세워놓은 게 원두막이다. 원두막에 옹기종기 모여 앉아, 뜨거운 햇볕 아래에서 방금 따온 과일 하나를 베어 물면 과즙이 톡 터지고 달콤한 향과 즙이 입 안 가득 퍼지며 무더위와 갈증이 씻은 듯이 사라졌던 경험을 우리는 갖고 있다.

우리가 고객에게 파는 것은 단순히 제철과일 하나가 아니라 어린 시절의 과수원 경험이었다. 매미 소리, 풀벌레 소리, 뜨거운 태양, 우거진 수풀, 그리고 친구 혹은 가족과 함께 베어 무는 과일 한 입……. 단지 신선한 과일을 파는 게 아니라 우리 마음속에 간직한 그 시절의 맛과 추억을 전달하는 게 우리의 역할이었다. 이를 위해 우리는 당일 수확한 과일은 당일 판매하는 것을 원칙으로 삼았다. 아직 과수원의 느낌이 묻어 있을 동안 말이다. 물론 때에 맞게 수확한 과일은 보관기간이 길어 상당기간 신선한 맛을 즐길 수도 있다.

배달 과일이 가진 또 하나의 장점은 포장이다. 사실 여기까지는 생각한 적이 없었는데 피드백을 통해 아이들이 포장된 과일 상자에 호기심을 보인다는 사실을 알게 되었다. 궁금한 걸 못 참는 아이들은 상자를 열어본다. 모양도 색깔도 각양각색이고 향기까지 풀풀 풍기는 과일을 보면 대뜸 집어 들게 된다. 과일 생각이 없다가도 상자 속에 담겨 있는 싱싱한 과일을 보면 마치 크리스마스 선물을 받은 듯 기뻐한다. 특히 집안 가득 퍼지는 상큼한 향기가 그들을 과일 곁에서 떠날 줄 모르게 한다. 자기 얼굴만큼 큰 과일을 들고 낑낑거리며 엄마에게 깎아달라고 말하는 모습을 떠올려보라!

어떤 분은 한번 길러진 입맛은 평생 간다며 자신의 경험담을 들려준 적이 있다. 실제로 어릴 때 과수원에서 자란 사람이나 과일을 많

: 올프레쉬 배달과일 :

이 먹고 자란 사람은 커서도 과일을 즐겨먹는다. 우리가 배달하는 과일은 품목별로 골고루 들어 있는데 과일마다 맛과 향기, 색깔이 제각각이라서 식성대로 즐길 수 있으며 물릴 틈이 없다. 의무적으로 먹는 마트 과일이 아니라 영양가 높고 맛있는 과일, 예쁘고 탐스러운 과일을 먹었던 기억으로 다음 과일을 또 기대하게 되고 그렇게 과일 먹는 습관이 잡혀가는 것이다.

엄마 입장에서도 배달 과일은 편리한 점이 많다. 매번 시장에 들러 실패의 부담을 안고 과일을 고를 필요 없이, 과일을 좋아하는 아이들에게 새로운 과일을 요것조것 다양하게 맛볼 기회를 얻는다.

박스를 열어보면 그 안에 A4용지 한 장이 들어 있다. 각 과일마다 어떤 영양소가 들었는지, 어디에 좋은지, 어떻게 얼마나 숙성해야 최고로 맛있는 과일이 되는지, 어디서 재배했는지 등등 과일과 관련된 각종 정보와 구성 과일 내역과 설명이 담겨 있다. 고객으로서는 과일의 이력과 유익한 점을 구체적으로 알고 먹으니까 그 점도 만족스러워했다. 또한 재배 농부를 기재하여 신뢰도를 높인 점이나 소량 배달을 통해 고객의 부담을 줄였다는 점도 만족도를 높였던 것 같다.

우리가 지금은 비록 서울과 같은 대도시에서 살고 있지만 우리의 몸에는 농경민족의 피가 흐르고 있다. 우리의 아버지(어머니), 그 아버지(어머니)의 아버지(어머니)는 농사를 지어 자식들을 키웠다. 농사나 농산물에 대한 친근감은 그런 역사에서 비롯되었다. 그래서 많은 사람들이 논과 밭과 과수원에 대한 향수를 안고 있다. 논이나 밭의 작물은 익히고 삶는 과정을 거쳐야 맛있는 음식이 되지만 그 자리에서 그냥 따 먹어도 맛있는 것은 과일뿐이다. 과일은 유일하게 과수원 한가운데서도 얼마든지 즐길 수 있는 간식거리다. 우리가 파는 것도 과수원 혹은 마루에 둘러앉아 먹던 그 정감 어린 과일이다.

생산자와 통하라

: 착한 유통 올프레쉬의 출발 :

프리미엄이 아니면 안 된다! 품질에 대한 완벽주의는 일본과의 무역을 통해 배웠다. 일본 소비자는 까다롭기로 유명하다. 그런 일본으로 복숭아를 팔자고 했으니 농민들이 고개를 젓는 것도 수긍이 된다. 하지만 시대는 변하고 있었다. 수입 농산물 시장은 점점 커지고 있었고, 고급 과일 시장만이 우리가 노릴 수 있는 유일한 틈이었다. 남은 건 농부들을 어떻게 설득하는가 하는 점이었다.

까다로운 일본 소비자에게 한수 배우다

나는 1999년부터 2002년까지 일본에 복숭아를 수출했다. 일본 소비자는 눈높이가 높았다. 우리나라 농민을 설득하여 고품질의 복숭아를 생산하는 일이 관건이었다.

농민들은 피곤한 일은 딱 질색이었다. 굳이 일본에 팔아야 할 이유를 납득하지 못하는 사람도 많았다. 농부들은 시장이 바뀌고 있다는 사실을 받아들이지 않았고 판로 개척보다는 기존 시장에 의존하려는 경향이 컸다. 설득에 나섰다.

"한국 시장만 믿고 장사하던 시대는 끝났습니다. 처음에는 힘들지만 일단 거래를 트고 나면 장기적인 거래처 하나가 생기는 일이니 결코 손해 보는 일은 없을 겁니다."

수출의 이점과 전망을 중심으로 설명했다. 진심을 다해 얘기하니까 농민들도 서서히 생각을 고쳐먹었다.

일본인은 삶의 질을 한 단계 업그레이드시키기 위해 항상 연구하고 뭔가 만들어내는 민족이라는 말을 들은 적이 있는데, 정말 그렇다. 전자제품이든 식문화든 차문화든 일본은 보다 건강에 좋은 것, 보다 고객에게 행복을 주는 것을 만들기 위해 끝없이 연구했다. 일본의 생산자들은 일상을 돌아보고 사람들의 편의를 생각하며 개선점이 없는지 고민한 끝에 물건을 만든다. 왼손잡이용 가위나 연장처럼 수요가 적은 경우에도 이를 외면하지 않고 물건을 제작한다. 오른손잡이용 못지않은 품질과 왼손잡이용이라는 희소성을 모두 만족시키기 때문에 수익성이 보장된다. 동시에 경쟁이 치열한 다수 시장에 들어갈 때는 니즈를 세분화하며 저렴하게 만드는 방식을 고민한다. 물론 품질을 희생하는 것은 아니다. 품질은 기본이요, 소비자가 구매하려는 가치가 무엇인지 철저히 고민한다. 장인정신이란 단순히 물건을 잘 만드는 것을 의미하는 게 아니다. 그들의 장인정신과 고객 지향적인 서비스 마인드, 그리고 그에 따른 소비자의 신뢰가 2차 세계대전으로 잿더미가 된 나라를 단시일 내에 선진국으로 진입할 수 있도록 만든 원동력이었다.

이런 일본인의 특성 때문에 일본은 아무 제품이나 수출할 수 없는 나라가 되었다. 일본에 수출을 준비하던 나는 까다로운 품질 기준과 소비자의 눈높이를 만족시키기 위해 완벽을 추구해야 했다. 매사 꼼꼼히 살피고 한 번 더 돌아보는 습관이 그때 생겼다. 어떤 일도 품질과 고객을 앞설 수 없다. 이익은 다음이다. 그게 내 사업의 밑바탕이었다.

한 가지 부러웠던 점은, 품질이 좋다면 그 가치를 인정해주는 풍토가 그들에게 있었다는 점이다. 이런 분위기는 단순히 싸면 좋다는 식의 생각을 벗어날 수 있도록 나를 이끌어주었다. 고객의 잠재니즈를 이끌어낼 수 있는 좋은 제품이라면 절대 외면받지 않는다는 생각이 마음속에 뿌리 깊이 박힌 것이다. 이런 경험과 깨달음이 국내 농가를 설득하는 데 큰 영향을 끼쳤다.

품질의 하향평준화를 막는 방법

2006년부터 3년간 장호원에 살면서 복숭아 농사를 배웠고, 그 후 논산으로 이사하여 1년 반 동안 딸기 재배를 배웠다.

복숭아 수출에 성공한 이후 나는 여름 딸기에 도전하게 되었다. 새로운 아이템을 개척할 수밖에 없는 이유가 있었다. 일본 경제가 거품이 빠지면서 거래량이 줄었기 때문이다. 불경기가 닥치자 일본 소비자들은 지갑을 닫고 말았다. 반면 한국은 경기가 호전되고 있었다. 일본에 치중되어 있던 판로를 다각화해야 할 필요가 생겼다. 물량은 줄었지만 여전히 일본 수출을 진행하면서 동시에 논산 매향 딸기 사업단을 꾸려 국내 유통에도 새롭게 뛰어들게 되었다. 그러나 성과는 신통치 않았다.

그때가 2007년이었다. 양구에서 여름딸기사업단을, 그리고 논산에서 겨울딸기사업단을 모집했다. 생각지도 않게 많은 농가가 찾아왔다. 그러나 뜻이 달랐다. 그들은 정부가 지원한다는 얘기를 들었던 터라 기대치가 매우 높았다. 거기까지는 그럴 수 있으리라 생각했다. 그런데 딸기 품질이 제각각이었다. 품질이 천차만별인 경우에는 농가 관리가 쉽지 않다. 정부 지원을 바라보고 참여한 농가는 품질이 안 좋다는 말에 절대 수긍할 수 없다며 고집을 부렸다. 다른 농가의 딸기와 비교하며 직접 확인해 보라고 해도 요지부동이었다.

농가들은 모두 자기가 최고라고 주장했다. 가락동시장에서 자기 물건이 가장 비싼 값에 경매된다는 말만 되풀이했다. 나중에는 화살을 내게 돌렸다. 우리가 제시하는 기준은 받아들이지 않았다. 딸기를 유통하더라도 우리에게 떨어지는 건 수수료 2%에 불과했다. 사업단 모집에 드는 비용을 아끼려고 찜질방에서 잠을 청하며 농가를 위해 일했는데 사기꾼이라는 말을 들었을 때는 내가 뭘 하고 있는 걸까, 회의에 빠지기도 했다.

하지만 사업단이 지니고 있는 근본적인 문제는 이게 아니었다. 뒷 말이야 무성하겠지만 유통업체의 기준을 그대로 밀어붙이면 된다. 그러나 이 방식은 평균치 품질을 밑도는 농가들을 돌려보낼 수는 있지만 평균 이상을 상회하는 농가들에게 아무런 동기부여를 하지 못했다. 한마디로 단체로 하면, 잘하는 사람이 제값을 받지 못하는 폐단이 따랐다. 잘 만드나 중간만 하거나 어차피 똑같은 값을 받는데 누가 피땀을 흘리려고 하겠는가.

'규모가 커지면 고품질이 어렵다. 사업단을 모아 대규모로 유통하다 보면 품질은 하향 평준화될 수밖에 없다. 내가 아무리 뛰어난 농산물을 생산해도 보통 품질의 농가와 똑같은 가격으로 납품을 하면 더 좋은 과일을 생산하고자 하는 동기부여가 생기지 않을 것이다.'

그런 생각 뒤에 연상되는 일. 일본에서도 유통업체들은 개인농가와 거래를 하지 사업단처럼 대규모로 농가를 관리하지 않았다. 그렇게 하면 품질관리가 어렵다는 걸 알았기 때문일 것이다. 품질이 평준화되면 맛있고 값싼 수입과일이 밀려올 때 이에 대항할 방도가 없다.

과제가 생겼다. 그렇다면 어떻게 해야 품질을 높이면서 충분한 물량을 생산할 수 있을까? 몇날 며칠을 고민한 끝에 피라미드 방식을 찾게 되었다. 믿을 만한 농가를 발굴하여 그 농가로 하여금 주위의 또 다른 농가를 발굴하도록 유도하는 것이다.

예를 들면 햇살드리 포도로 이름 높은 홍문화 농가가 세 곳의 농가를 교육하여 비슷한 품질의 포도를 생산한다. 그 세 농가 역시 각각 자신이 믿을 수 있는 농가를 교육한다. 이렇게 점 조직으로 이어가야 서로 재배법을 공유하고 그게 고품질 과일 생산으로 이어질 수 있다.

사업단 구성의 첫 성공은 화성의 햇살드리 포도 브랜드였다. 햇살드리는 화성 지역에서도 손꼽히는 성공 농산물 브랜드가 되었다. 그렇게 수차례 성공이 이어지면서 농가도 자신감을 얻었고, 점차 물량과 품질 모두 상승궤도에 올랐다. 이에 힘입어 우리는 2009년 개인회사였던 썸머힐상사를 농업 법인으로 전환하고 산청에 자리잡았다.

"물량의 20%는 버리세요"

농가의 동반자가 되는 일은 쉽지 않다. 살아온 배경도 다르고 일하는 환경이나 마인드도 달라서 하나에서 열까지 손발을 맞춰야 한다. 산청에서 처음 농장과 거래를 틀 때도 적지 않은 시간이 걸렸다.

외지에서 온 나를 무작정 믿고 지원해줄 사람은 없었다. 이런 방식의 유통은 그들에게 매우 낯설었기 때문일 것이다. 하다못해 공무원에게 계획을 설명하고 지원을 요청하는 일도 힘들었다. 나한테 모든 걸 맡기면 과일의 품질과 물량을 기준 이상으로 확보할 수 있다는 신뢰가 쌓일 때까지 행동으로 보여주는 도리밖에 없었다.

그러자니 내 일이 많아지고 직원들에게 요구사항이 늘어날 수밖에 없다. 시간이 남아도는 직원이 없다는 걸 알면서도 한 번만 더 챙기면 그 모습이 농가 사람들의 신뢰로 이어지리라는 생각에 때로 싫은 소리도 하고, 잘한 일에 대해서도 야박한 소리를 할 수밖에 없었다. 직원 입장에서 볼 때 '사장이 너무 까다롭다, 필요 이상으로 일에 신경 쓴다'고 생각할 수 있다. 그러나 이런 철저함만이 우리 브랜드가 살아남는 길이라고 믿었기 때문에 나는 일중독자가 된 것인지도 모른다.

직원들은 나를 원더우먼이라고 부른다. 키가 커서 그런 것만은 아니고 하루 일과와 일주일 미팅 약속, 한 달간 이루어지는 살인적인 스케줄을 소화하는 모습을 본 직원들이 이구동성으로 붙여준 닉네임이다. 스케줄과 별도로 전화도 수십, 수백 통씩 온다. 회의를 하는 도중에도, 사람을 만날 때도, 전국의 과일재배 산지에서도 수없이 전화가 걸려온다. 당장 급한 용무가 있어서 걸려온 전화라 소홀히 할 수가 없다. 몸은 하나지만 전화선을 타고 마음이 전국을 휘젓고 다닌다.

이렇게 마음과 발이 분주한 이유는 단 하나다. 내가 원하는 것, 우리가 함께 달성해야 할 것을 농가에게 이해시키기 위해서는 말만 해서는 안 되기 때문이다. 나는 좋은 과일, 매출 증가가 목표이고, 농가는 손쉽고 간편한 농법, 높은 소득이 목표다. 둘의 생각이 부딪치는 지점이 생길 수밖에 없다. 특히 소득은 나아지지 않는데 계속 까다로운 농법으로 과일을 재배하라고 하거나 자신들이 애써 재배한 과일이 선별장에서 낮은 등급을 받게 되면 그때는 심각한 의사불통을 경험하게 된다. 갈등 상황의 핵심은 다음과 같이 요약된다.

맛VS 이익

나는 맛과 품질을 중시하고 그들은 땀방울에 대한 보상을 중시한다. 이 둘이 늘 부딪쳤다. 특히 내가 요구하는 방식으로 재배를 하려면 물량의 20%를 포기해야 했다. 원하는 품질, 원하는 맛을 얻으려면 어쩔 수 없는 선택이었다. 예컨대 딸기 농가에 당도 12브릭스를 달성해달라고 요청한다. 12브릭스를 맞추려면 수확에 임박하여 물을 주면 안 된다. 그래야 당도가 높아지고 과육이 단단해진다. 문제는 이 시기에 물을 주지 않으면 생산량이 20% 줄어든다는 점이다. 농가 입장에서는 20%가 절대 적은 양이 아니기 때문에 포기하는 물량에 대해서까지 수익을 보전해주기를 원한다. 품질을 얻기 위해 물량을 포기했으므로 그에 합당한 수익선을 요청하는 것은 당연한 일이다. 만일 내가 그들의 기대치를 저버리면 그들은 12브릭스를 포기하고 물량 확보에 힘을 쏟게 된다. 당연히 나에게는 이를 해결해주어야 할 의무가 있었다.

이 과정에서 내게 주어진 역할은 안정적인 매출을 올릴 수 있는 고정 판로의 확보였다. 그래서 나는 일반 과일 시장이 아니라 회원제를 통해 고객을 모집했다. 회원제로 운영하면 물량을 예측할 수 있기 때문에 매출이 일정한 수준으로 안정된다. 회원 고객의 숫자가 늘어나면 그만큼 농가 소득도 높아질 수 있으며, 무엇보다 농가와 고객이 모두 만족할 수 있는 자연스런 순환 구조를 유지할 수 있게 된다.

순환 구조를 도식화하면 이렇다.

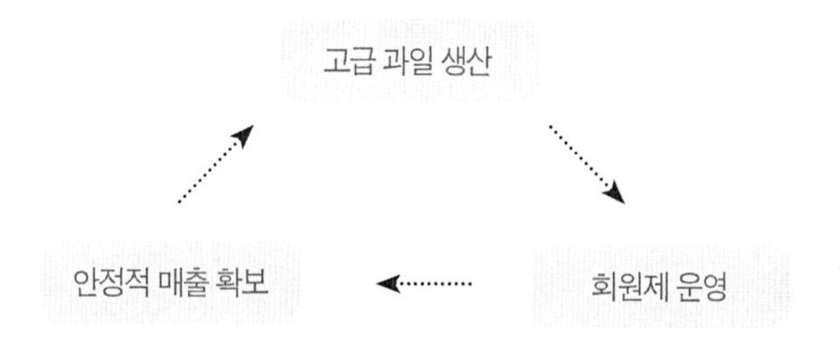

그러나 이 순환 구조가 유지되기 위해서는 아까 말한 생산 물량의 20%를 포기하는 조건이 포함되어 있었다. 농가를 안심시키고 농사에 전념하게 하려면 당연히 20%를 보전할 수 있는 노력이 뒤따라야 했다.

농가 안심 전략

농가를 점 조직으로 확대하기 위한 기본 전제가 있다. 그들이 생산하는 물량을 내가 다 소화해주는 일이다. 일명 농가 안심 전략이다.

'농가에서 생산한 과일은 내가 다 팔아야 한다. 그래야 농가가 안심하고 농사에 매진할 수 있다.'

사실 올프레쉬를 시작하기 전부터 이 문제는 늘 나의 고민이었다. 일본 시장의 위축으로 우리는 국내 시장에 진출해야 했고, 그 첫 번째가 베이커리업체였다. 베이커리는 꾸준히 소비되는 안정적인 판로였고, 한 번 납품을 시작하면 매출 또한 지속되리라고 판단했다.

물론 그건 내 생각일 뿐이었지만 말이다.

당시 우리가 생산하던 매향 딸기의 경우, 품질과 맛은 뛰어나지만 생산량이 적고 재배가 까다로웠다. 이 때문에 일정한 수입이 보장되지 않으면 쉽게 뛰어들기 어려운 품종이다. 당시만 해도 수입이 불안정했기 때문에 농가에 무작정 매향을 재배하라고 말하기 어려운 상황이었다. 수출만으로는 지속적인 수익 확보가 쉽지 않았다.

다행히 매향 딸기는 알은 좀 작았지만 원체 단단해서 보관기간이 길다는 장점이 있었다. 수출 물량에 차질이 생긴다고 하더라도 보관 기간이 길기 때문에 다른 방법을 찾을 수 있다.

그렇게 매향 딸기의 새로운 판로를 찾다가 베이커리에 납품하는 사업을 구상했다. 나는 어디를 가도 과일이 제일 먼저 눈에 들어온다. 언제부터인가 생크림케이크 위에 포도나 블루베리 딸기가 얹혀 있는 것을 발견했다.

'저걸 우리 딸기로 하면 좋겠다. 단단해서 쉬 무르지 않으니까 케이크용으로 적격이야.'

맛도 좋고 모양도 예쁘니까 고급 케이크와 잘 맞을 것 같았다. 다행히 베이커리 측에서 내 제안을 받아들였다. 농가도 전국의 베이커리에 자신의 딸기가 공급된다는 사실에 자부심을 느꼈다.

그때는 2006년으로 사업단을 구상하던 시기였다. 사업단을 먼저 모집하고 나중에 납품처를 만든다는 것은 일을 거꾸로 하는 것이다. 사업단을 모집하는 순간, 농가들은 나에게 '그럼, 어떻게 팔 것인가?'라는 아주 단순하고 직접적인 질문을 던질 것이 불 보듯 뻔하고 나는 이에 대한 신뢰할 수 있을 만한 답변을 가지고 있어야 했다. 그래서 초기 딸기 사업을 진행할 때 미리 베이커리 납품 건을 해결해 두었고, 사업단을 통해서 물량을 맞춰갈 계획이었다. 어쨌든 그렇게 작은 딸기는 베이커리에 파는 한편, 큰 딸기는 백화점에 납품하며 판로를 다양화하고 있었다.

그러다 위기가 닥쳤다. 2010년 특별한 이유 없이 베이커리 측에서 주문량을 줄인 것이다. 베이커리 측 매출 사정이 나빠진 것은 아니었다. 실제로 매향 딸기를 사용한 뒤로 베이커리 케이크 매출은 20% 증가했다. 또한 우리 회사에 어떤 하자나 실수가 있었던 것도 아니다. 그렇다면 무슨 일이 벌어진 것일까?

케이크의 특성상 크리스마스 시즌은 엄청난 성수기다. 우리 측에서 공급해야 하는 물량은 작은 딸기 4만 팩이었다. 그런데 이 숫자를 맞추는 일이 거의 007작전이다. 비상연락망을 총 가동해서 각지의 하우스에 연락을 한 뒤 딸기란 딸기는 수확하는 대로 모두 보내라고 요청한다. 그런데 복병이 있다. 케이크용 딸기는 작아야 한다. 큰 딸기를 얹으면 생크림이 주저앉는다. 겨울에는 작은 딸기가 생산되지 않기 때문에 물량 확보에 한계가 있다.

베이커리 측에 전화를 걸었다. 물량이 부족하니 이 정도에서 납품은 그치자고 의견을 전달했다. 괜히 케이크에 어울리지 않는 큰 딸기를 얹었다가 이미지만 나빠지고 오히려 고객을 잃을까 걱정스러웠기 때문이다. 그러나 상황은 뜻대로 흘러가지 않았다. 베이커리 측에서 다른 거래선을 뚫어 성탄절 케이크 공급물량을 맞춘 것이다. 이후 베이커리는 우리 회사에 딸기 주문량을 대폭 줄였다.

내가 작은 딸기를 고집한 이유는, 우리 업체만을 위한 것은 아니었다. 우리도 얼마든지 큰 딸기를 납품할 수 있었지만 그렇게 하지 않은 이유는 그러면 케이크 모양이 나빠질 수 있기 때문이었다. 만일 우리가 단기적인 이익만을 추구했다면 물론 큰 딸기 납품도 얼마든지 고려할 수 있었다. 하지만 난 하지 않았다. 그게 문제라면 문제였다.

베이커리에서는 또 하나의 공급업체를 선정해서 두 회사가 딸기를 납품하도록 하는 일반적인 전략으로 선회했다. 납품업체 두 곳을 경쟁시키면 공급가를 떨어뜨릴 수 있고 독점 공급업체의 횡포도

미연에 방지할 수 있다는 장점이 있다. 이유도 타당하고 나름의 합리성도 있다. 하지만 나로서는 당황스러웠다. 베이커리에 넣기로 했던 물량을 어떻게 처리할지 난감했다. 일본 거래처는 자기네와는 이미 거래가 안정적으로 진행되고 있으니까 겨울딸기는 베이커리 납품에 집중하라면서 양해를 해준 터였다. 그런데 한국 거래처가 막히고 나니 답이 없었다. 농가에는 또 뭐라고 해명한단 말인가.

생각 따로, 마음 따로라고 머리로는 이해해도 마음이 쓰라렸다. 이런 상황은 나에게는 익숙하지 않았다. 일본 거래처에서는 공급업체를 여러 곳 두는 경우가 없었다. 일본은 기존 거래처가 있으면 다른 곳에서 오퍼를 넣어도 거절하는 것이 관례다. 그리고 기존 거래처에 전화를 걸어 이 사실을 언급해준다. 믿고 거래하기 때문에 가능한 일이다. 그런데 한국의 업체는 내가 언제 배신할지 모른다고 여긴 모양이다.

보다 확실한 판로가 필요했다. 가장 안전한 방법은 내가 나서서 팔아주는 길밖에 없었다. 내가 그들의 딸기를 구매하여 직접 팔아야겠다고 생각했다. 그게 올프레쉬 런칭으로 이어졌다.

시장을 쥐락펴락하는 업체들의 손아귀에 놀아나지 않기 위해서는 내가 직접 시장으로 뛰어들 필요가 있었다. 다른 업체와 차별화

된 우리만의 경쟁력을 가지게 된다면 결과적으로 우리도 살고 농가도 살 수 있다고 생각했다. 사업은 멀리 내다보고 해야 한다고 다시금 마음을 다졌다. 이 길 끝에서 무엇이 옳고 그른지 다 가려질 것이라 믿었다.

올프레쉬,
새로운 유통 방식의 탄생

베이커리 납품 등으로 생산 물량을 소화하려는 시도는 2012년 올프레쉬 브랜드 탄생으로 이어졌다.

올프레쉬는 우리가 기존에 해오던 비즈니스와 차이가 있었는데 본격적인 B2C라는 점이었다. 나는 장기적인 관점에서 베이커리나 백화점과 같은 중간유통단계를 생략하고 재배농가와 고객을 직접 연결하는 유통 방식을 고민했다. 이미 오랜 기간 신뢰를 쌓아온 과일 재배농가는 전국에 많이 포진하고 있었다. 이들이 재배하는 신선한 제철과일을 올프레쉬라는 브랜드로 직접 공급할 계획을 추진한 것이다. 중간 유통에 휘둘리지 않고 고객의 니즈에 직접적으로 어필할 수 있는, 선순환 구조를 완성시키기 위한 마지막 단계였다.

2012년 8월, 우리는 서울 용산구 한남동에 친환경 자연과일 브랜드 〈올프레쉬(All Fresh)〉 1호 매장을 오픈했다. 그리고 2012년 11월에는 온라인 홈페이지를 구축하여 전국의 고객들에게 직접 관리한 제철과일을 배송하기 시작했다. 제철과일을 회원제 고객 관리 방식으로 판매하기 시작한 것은, 국내 과일 유통 분야에서는 처음 도입한 일이었으며, 올프레쉬의 기본적인 목표는 산지 농가와의 공생을 통한 자연과일 판매였다.

16년간 전국의 과일농가와 함께 과일을 키워내고 수확하면서 늘 절실히 느꼈던 점은 정직하고 착한 유통이 필요하다는 사실이었다. 기존 유통은 농가에게 불리한 구조였다. 과일을 유통시키는 중간상인이나 업체들이, 농가들이 과일에 쏟아 부은 정성과 땀의 가치를 인정해주고 소비자에게 그 가치를 제대로 전달하는 사명감이 부족하다는 것을 경험을 통해 느꼈다. 그러면서도 기존의 유통은 변화를 거부했다. 물건만 떼어다 팔고 중간 이익을 남기면 충분하다고 여겼다. 사실 유통은 개선의 의지만 있다면 할 일은 산더미처럼 많다. 다만 한해 장사라는 짧은 시간 개념으로 접근하기 때문에 상생

: 용산구 한남동에 오픈한 올프레쉬 1호 매장 :

이라든가 함께 간다는 생각을 할 수 없을 뿐이었다. 아니 바뀌어야 한다는 것 자체가 그들에게는 이해가 되지 않는 일일지 모른다. 이런 비유가 이상할지 모르지만 유통은 마치 '빅 브라더'처럼 생산자와 소비자를 통제하고 자신의 이익을 위해서만 움직이는 무소불위의 존재였다. 과거 어느 대통령이 유통을 손보겠다고 큰소리를 친 것도 단순히 해프닝만은 아니었으리라. 유통의 선진화는 우리나라 농업을 살리는 제일 중요한 전제이다.

올프레쉬의 철학은 간단하다. 과일농가가 자연 그대로의 과일을 건강하게 생산하도록 지원하고, 소비자들은 친환경 제철과일을 가장 맛있는 시기에 합리적인 가격으로 구매할 수 있도록 꾸준히 신뢰를 쌓아가는 것이다. 그게 올바른 유통, 착한 유통으로 가는 길이라고 믿었다.

| '올프레쉬'에 담긴 뜻 |

사업 시작할 때 상호명 짓기만큼 어려운 게 없다. 업종에도 어울리고 내가 갖고 있는 생각을 대변하는 한 단어를 고르는 일은 생각처럼 간단하지 않다. 지금 또 책을 쓰면서 보니까 책 제목 정하기가 집필보다 더 까다롭다. 제목만 듣고도 아! 무슨 책이구나, 알아차리는 동시에 듣기도 좋고 호감 가는 제목은 쉽사리 탄생하는 것은 아닌 것 같다.

이름을 짓기 위해 여태까지 해온 일들과 앞으로의 계획, 내가 중요하게 생각하는 점들을 모두 검토했다. 과일이라는 아이템에다 제철과일을 제때 소비자에게 합리적인 가격으로 전달해주는 착한 유통, 그리고 신뢰와 겸손을 유지하려는 마케팅 정신. 이들의 공통분모는 '신선하다'는 것이 아닐까. 그렇게 '프레쉬'라는 단어를 떠올렸다. 거기에 늘 신선하고 초지일관하는 자세를 유지하자는 마음까지 넣고 싶었다. 그래서 앞에다 '올(All)'을 붙였다. 강조하고 또 강조해도 과하지 않은 게 기본 정신이기 때문이다.

"All Fresh!"

올프레쉬! 직접 읽어보니 발음도 쉽고 듣기도 좋다. 그렇게 올프레쉬 브랜드가 탄생했다.

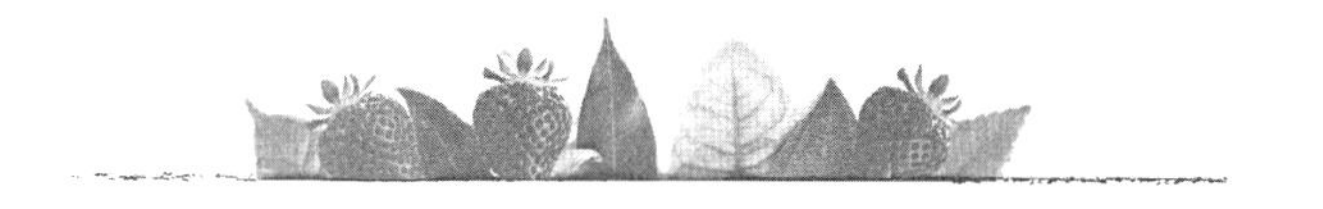

두 손에 담아 집까지 배송

아무리 강조해도 지나치지 않다, 자연그대로농법! 자연의 시간에 따라 제대로 맛이 들었을 때 수확하면 비록 수확량은 적지만 맛있는 과일을 얻을 수 있다. 줄어든 수확량은 유통비용 절감으로 만회한다. 일본에서 나는 한 가지 중요한 진실을 배웠다. 농가가 살아야만 소비자에게 좋은 과일을 제공할 수 있다는 사실이다. 이 교훈을 지키기 위해서는 길게 보는 마음가짐이 필요했다.

"길게 멀리 보고 함께 가자."

신뢰라는 말을 이렇게 정의해도 될 것 같다. 경제적인 차원에서 보더라도 소비자와 생산자가 서로 믿을 수 있는 상품을 판매할 때 자연스럽게 이익이 뒤따른다.

'멀리'라는 말은 자칫 '치밀하다'는 말과 상반된 것처럼 보일지 모른다. 그러나 '멀리'를 성공시키는 것은 세밀한 디테일이다. 계획이 치밀할수록 멀리 갈 수 있는 힘도 커진다. 우리는 수시로 농가를 찾아가고 연락을 취하며 수확의 적절한 시기를 공유한 뒤 홈페이지를 통해 구입 가능 시기를 알렸다. 소비자는 홈페이지에 접속, 어떤 과일이 언제 나오는지 알게 된다. 시장 스케줄에 따라 과일을 출시하는 게 아니라 자연의 시간에 따라 출시시기를 결정하므로 강수량이나 일조량, 온도와 같이 매일 변하는 날씨에 신경을 곤두세울 수밖에 없다.

우리 비즈니스가 자연스럽게 작동하기 위해서는 소비자가 과일 유통시장의 문제를 인식할 필요가 있었다. 2013년 추석을 앞두고 과일에 성장촉진제를 뿌린다는 기사가 TV를 통해 보도되었다. 알 만한 사람은 다 알고 있었지만 그간 쉬쉬 하던 일이었다. 서서히 사회 분위기도 무르익고 있다는 징조다. 더 이상 눈 감고 코 베어가는 식의 기존 시장 논리로는 살아남지 못할 것이다. 그 사이 우리가 할 일은 꾸준히 신뢰를 쌓아가는 일이다.

올프레쉬의 과일이 농부의 손을 떠나 소비자의 식탁에 오르기까지의 과정은 다음과 같다.

Step 1 • 수확 전 회원 농가 방문

1년 내내 전국의 회원 농가에서 제철과일이 생산된다. 수확 전 올프레쉬의 자체 기준에 따라 품질관리가 이루어지고 있는지 미리 농장을 방문하여 당도나 크기 등을 확인한다. 또한 이때 과일이 가장 맛있게 익을 시기가 언제인지를 예측하여 출하시기를 결정한다.

Step 2 • 홈페이지 소개 및 주문접수

회원 농가와 만나 수확 시기를 정하면 올프레쉬 홈페이지에 〈월별 구성과일〉 메뉴를 통해 미리 과일을 소개한다. 이후 고객들은 홈페이지에 접속, 장바구니 구매시스템을 통해 배달과일 패키지나 단품과일을 간편하게 주문할 수 있다. 배달과일은 남아서 버리는 일이 없도록 다품종 소량으로 구성하고, 가격대도 3가지로 나누었다. 또한 5가지 색깔의 과일을 준비하여 건강도 배려했다.

Step3 • 약속한 시기에 회원 농가에서 제철과일 출하

회원 농가들은 과일에 인위적인 스트레스를 주지 않고 과일이 가장 맛있게 익을 때까지 기다렸다가 당도가 높고 풍미가 넘치는 과일을 수확한다.

Step4 • 성남, 산청 선별장에 과일 집하

산지에서 수확한 과일은 중간유통을 거치지 않고 경남 산청과 경기도 성남에 있는 올프레쉬 선별장으로 집하된다. 이때 과일은 수확에서부터 선별장 입고까지 회원 농가들과 올프레쉬 직원들이 수작업으로 이송하기 때문에 과일에 상처가 나거나 구르지 않아서 신선한 상태가 유지된다.

Step5 • 선별장에서 우수 과일 선별

올프레쉬가 가장 자부심을 느끼는 단계다. 선별장에 과일이 도착하면 엄격한 기준을 적용하여 당도를 측정하고 과일 모양과 무르기 상태 등을 점검한다. 당도가 낮거나 상품성이 떨어지는 과일은 따로 분리, 주스용으로 활용한다. 선별 기준에 따라 엄선된 우수 품질의 과일을 추려 배송 준비를 한다.

Step 6 • 깨끗하고 안전하게 포장

선별장에서 엄선한 제철과일을 고객의 주문에 맞게 가격대별 포장박스에 담는다. 따로 선물용 포장이 필요 없을 만큼 기본 포장 자체가 안전하고 깔끔하다. 과일이 가장 맛있는 시기와 과일 관련 정보가 담긴 전단지도 함께 넣어 고객들이 믿고 먹을 수 있도록 했다.

Step 7 • 올프레쉬 배송직원이 손수 배달

일반 택배서비스는 여러 가지 위험 부담이 따른다. 우리는 과일을 집까지 안전하게 배송하기 위해 올프레쉬 배송직원을 보낸다. 배송 전 휴대폰을 통해 배송직원의 사진과 배송시간을 미리 알려준다.

공부하는 농부들

올프레쉬 딸기재배 회원 농가들이 '열공' 모드에 빠졌다. 회원 농가들을 대상으로 주기적인 재배교육을 실시하고 있는데 무척이나 열심히들 한다. 지난 7월에는 충남농업기술원의 이원근 박사가 겨울딸기 재배교육을 했다. 겨울딸기는 겨울 내내 집중해야 하는 주력품목이기 때문에 모두 진지하게 귀 기울여 듣고 곧바로 실행에 옮겼다.

매월 부부 동반으로 이루어지는 재배교육을 통해 회원 농가들은 과일 생산 노하우를 배워서 직접 실행에 옮긴다. 이후 결과를 놓고 의견을 교환하는데 이렇게 하면 시행착오를 조금이나마 줄일 수 있다. 성공적인 딸기 출하를 위한 사업설명회를 진행할 때도 회원 농가들은 입추의 여지없이 자리를 빼곡히 채우며 딸기 생산에 필요한 정보를 공유한다.

지금까지 우리는 수출을 하면서 알게 된 정부기관 관계자나 전공 교수님 등의 다양한 인적라인을 통해 우수한 농가들을 추천받아서 재배 농가를 선정했다. 그들과 함께 일하기로 결정을 내릴 때는 두 가지 조건을 따지는 데 첫째가 맛이요, 둘째가 진정성이었다. 품질을 개선하는 방안은 배우면 되지만 마음만은 다른 문제 같다. 내가 아무리 수익을 보장해주어도 한결 같은 마음으로 임하지 못하는 분들이 있기 마련이다. 이들을 얼마나 솎아낼 수 있는가에 따라 올프레쉬 브랜드 신뢰도가 달라진다고 생각한다. 일단 올프레쉬의 회원 농가로 등록되면 회원 농가를 대상으로 다양한 재배교육을 실시하고 있으며, 품질관리를 엄격히 시행한다.

한 달에 한 번은 직원들과 딸기농가들이 함께 모여 소비자들의 다양한 의견을 공유하고 이를 만족시킬 수 있는 상품을 개발하기 위한 시간을 갖는다. 얼마 전에는 올프레쉬가 추구하는 과일가공 사업이 어떻게 진행되고 있는지 회원 농가에 설명했다. 사업 내용을 알아야 농가에서도 적절히 협조할 수 있기 때문이다. 바깥에서 무슨 일이 벌어지는지 모른 채 집에서만 죽어라고 일하면 얼마나 답답하겠는가.

현재 과일주스 시장은, 액상에 물을 타서 희석한 주스보다 과일 그대로 즙을 내어 마시는 생과일주스 시장이 대세다. 이 시장에서는 가격보다는 품질이 우선시되므로 생과일주스 시장의 확대에 발맞춰 품질을 향상시키는 게 중요하다. 올프레쉬에서도 '마시는 과일', 즉 과일주스를 개발하기로 했다는 말에 많이들 좋아하고 격려까지 해주었다.

대개 현안에 대해서 설명을 마치면 한창 생산 중인 과일의 수확과 품질 관리에 대한 의견을 허심탄회하게 나눈다. 예컨대 산청딸기의 경우 1월부터 6월까지 한결 같은 맛을 내는 것이 아니기 때문에 어떤 방법이 좋겠는지 의견을 나누는 식이다.

교육과 사업방향을 설명하는 자리는 농가에서 겪는 실제적인 어려움이나 상황에 대한 얘기를 수집할 기회도 된다. 책상에 앉아서 서류나 전화로 상황을 파악하는 것과 직접 현장에 내려가 사람을 만나고 얘기를 주고받는 것은 하늘과 땅 차이이다. 특히 이 과정이 중요한 이유는 농부들이 이론에만 밝은 책상물림의 현실성 없는 이야기에는 귀를 기울이지 않기 때문이다. 그러나 대개의 개선 방안은 농가들이 책상물림이라고 여기는 전문가들로부터 나온다. 만일 우리가 중간에 개입하지 않고 전문가와 농부를 직접 대면시키면 어떤 일이 벌어질까? 현장직은 사무직을 무시하고, 사무직은 현장직을 우습게 여기는 경향이 있다. 우리가 중간에서 서로를 조율시키지 않으면 배는 산으로 간다.

좋은 과일의 기준은 어떤 품종을, 어느 곳에서, 누가 얼마나 정성스럽게 재배하느냐가 핵심이다. 이 중에서도 특히 농사에 임하는 마음이 제일 중요하다. 맹자는, 사람에게는 항산(恒産)이 있어야 항심(恒心)이 있다고 말했다. 항산이란 꾸준한 생산을 말한다. 늘 일정한 수입이 있을 때 우리는 '항산'이 있다고 말한다. 그럴 때 항심, 즉 변치 않고 여일하게 매진하는 농부 본연의 자세도 생긴다. 그런데 우리 유통 구조는 그간 항산을 보장해주지 못했다. 그러니 갖고 싶어도 가질 수 없는 게 항심이다. 농부가 늘 같은 마음으로 농사에 매진하게 하려면 우리는 그들에게 '항산'을 보장해주어야 한다. 항심이 갖추어지면 다시 항산이 가능해지므로 이 이야기는 누가 먼저 변치 않는 마음을 보여주느냐에 달렸다. 그게 우리가 지금까지 해온 일이요, 앞으로도 해야 할 일이다.

파머스 마켓,
농가와 고객이 소통하는 공간

봄과 가을 매주 토요일 오전 11시면 파머스 마켓(Farmer's Market)이 개장한다. 전국의 농가들이 재배한 친환경 농산물의 직거래장터가 서울에서 열린다. 이 날은 새벽부터 분주하다. 전국의 각 산지에서 과일과 채소를 실은 차량이 속속들이 도착한다. 짐을 부리기 무섭게 판매대에 진열하고 가격표 붙이고 주변을 정리하느라 부산을 떤다.

파머스 마켓은 말 그대로 농산물을 파는 장터다. 장에 들른 사람들은 느긋하게 구경도 하고 시식도 하고 마음에 드는 물건도 구입한다. 주말에 장터를 열기 때문에 가족 고객들이 단란한 시간을 갖기 좋다. 특히 구입한 채소로 저녁 반찬을 만들어 먹고 식후 디저트로 맛있는 과일을 즐기며 대화를 나누는 것은 고객들에게 '좋은 경험'이 될 것이라고 생각했다.

처음 파머스 마켓의 기획 의도는 도시 사람들에게 시골 장터의 경험을 제공하자는 것이었다. 집과 직장, 버스와 지하철처럼 좁은 공간에 갇혀 지내는 사람들에게 잠깐이라도 바깥공기를 쐬며 과일 냄새 맡을 수 있도록 하면 어떨까, 싶었다. 판매대도 장터 느낌이 나게 풋풋함을 전할 수 있도록 설치한 것도 그런 이유에서다.

누구나 엄마 손을 잡고 한 번쯤은 시장이나 장터에 가본 경험이 있을 것이고, 그 경험을 되살리거나 또 자신의 아이에게 물려주고 싶은 마음을 가졌을 거라고 믿고 시작했다. 옛날 장터와 비교하면 진하게 오고가는 인심이나 장보러온 사람들의 떠들썩함은 부족하지만 보통 때보다 여유롭고 느긋한 표정으로 물건을 고르는 모습은 분명 휴식을 즐기는 풍경이다.

올프레쉬 파머스 마켓에서 판매하는 과일과 채소들은 모두 친환경 명인 농가가 재배한 것들이라 봉지에 재배 농부의 이름이 표시되어 있다. 올프레쉬가 품질을 인정하고 인증마크를 부여한 건강하고 안전한 먹거리만 판매한다.

제일 무서운 게 소비자의 눈이다. 고객들은 채소의 신선도나 재배 상태를 바로 알아본다. 그래서 우리는 밭에서 바로 수확한 작물만 장터에 내놓는다. 오늘 하루만큼은 장터로써의 역할을 다하기 위해 가격도 저렴하다.

장사는 잘돼야 맛이라고 이익이 얼마가 남든 손님이 많으니까 신바람이 난다. 장날에는 마켓 한쪽 구석에 과일을 잘라서 담은 접시를 마련해 놓은 시식코너도 운영하고 있다. 손님이 직접 맛을 보고 살 수 있도록 각 과일의 견본품을 선보이는 것이다. 아무리 모양이 좋아도 먹기 전에는 마음이 움직이지 않는 게 음식이다. 더구나 과일은 맛이 천차만별이라 입에 대기 전에는 잘 모른다.

우리나라 과일뿐 아니라 제철에 따른 수입 과일도 다양하게 판매한다. 전문가들이 꼼꼼히 골라준 덕분에 당도와 신선도가 높아서 수입 과일에 대해 선입견을 가졌던 소비자도 구매할 정도로 품질이 좋다. 채소류는 '상추 CEO'로 알려진 류근모 대표의 장안농장에서 친환경으로 기른 상추를 비롯한 각종 채소를 선보인다.

이 날은 채소를 재배하는 회원 농가의 각종 채소뿐 아니라 덩달아 우리 올프레쉬 카페의 과일이나 주스 판매량도 올라간다. 싱싱하고 맛있어 보이는 과일과 채소가 진열되고 사람들로 북적이면 꼭 축제가 열리는 것 같은 기분이다. 파라솔 아래 보기 좋게 진열한 채소는 지나가던 사람의 발길을 멈추게 한다. 앞으로도 파머스 마켓이 생활 속의 작고 소박한 축제가 되었으면 좋겠다.

가족과 함께 와서 브로콜리, 양상추, 양배추, 감자, 각종 쌈채소를 일일이 살펴보며 물건을 고르는 고객들을 보는 일은 즐겁다. 그들의 말 한마디, 표정 하나가 상품에 대한 훌륭한 피드백이다.

"우리 동네에 친환경 과수원이 생겼네요."

"싱싱하고 맛좋은 사과가 직거래 행사가격이라 정말 저렴해요."

고객으로부터 이런 말을 듣는 게 우리의 보람이요, 행복이다. 이 행사를 시작하게 된 결정적인 동기는 고객에게 저렴한 가격으로 품질이 뛰어나고 맛있는 과일을 직접 눈으로 보고 맘껏 고를 수 있는 기회를 주자는 거였다. 좋은 과일이 있어도 몰라서 못 사는 경우가 많은데 눈에 확 띄는 야외장터에서 팔면 일단 눈길이 더 갈 것이다.

파머스 마켓은 직거래이기 때문에 농가는 제값을 받아 좋고, 소비자는 재배 이력이 확실한 친환경 과일을 저렴하게 구입할 수 있어서 좋은, 윈윈 마켓이다. 고품질 상품을 합리적 가격에 공급하기 위해 과일 유통 전문가가 농가들과 교류하면서 출하 시기와 가격, 물량 등을 조절하고 있다. 재배농가 입장에서는 브랜드 경쟁력을 쌓고 더 좋은 품질의 농산물을 생산하고자 하는 의욕을 북돋울 수 있는 동기부여가 될 것이다.

고객과 통하라

: 도시인에게 과수원을 팔다 :

사람들은 고급 과일을 어떻게 생각할까? 일반 과일보다 품질이 좋고 맛이 좋고 가격은 비싼 또 하나의 과일일 뿐이라고 생각하고 있지는 않을까? 고급 과일이 단지 그런 의미만 가지고 있다면 그건 고급 과일이 아니다. 마치 잡스가 아이폰은 폰이 아니라고 고객을 설득했던 것처럼 우리도 고급 과일은 과일이 아니라고 설득해야 한다. 올프레쉬는 단순히 보다 좋은 또 하나의 과일이 아니라 선물의 감동이나 과수원의 추억 같은 새로운 가치, 새로운 경험을 제공하는 것이 목적이었다.

과일에 '선물'이라는 새로운 가치를 부여하다

올프레쉬에는 〈세 가지 맛있는 약속〉이라는 캐치프레이즈가 있는데 우리가 하는 일이 잘 담겨 있다.

〈세 가지 맛있는 약속!〉

1. 제철에 나는 자연 그대로의 과일을 공급합니다
2. 명품과일 산지와 100% 친환경 공정재배를 추구합니다
3. 과일 재고가 없이 매일 산지에서 배송되어 1년 365일 신선한 과일을 공급합니다

올프레쉬는 회원 농가와 회원고객의 다리 역할을 하기 때문에 우리는 늘 농가를 대표하여 고객과 적극적으로 소통을 하며 우리가 그들에게 어떤 가치를 제공하는지 알려야 한다. 일본에서 얻은 교훈에 따르면 어떤 제품들은 단지 소비되는 물건에 그치는 것이 아니라 소비자의 생활패턴을 바꾼다. 그들이 만든 것은 용도가 정해진 물건이 아니라 기존에는 없었던 하나의 가치였기 때문이다.

김치냉장고를 개발해서 파는 순간부터 한국의 김장문화가 바뀌고, 일반인용 페인트가 개발된 뒤로 간단한 칠은 전문가에게 맡기지 않고 집에서 직접 하게 되었다. 버스 정류장에 다음 버스가 언제 오는지 알려주는 기계가 도입되고 나서 사람들은 느긋하게 시간을 기다릴 수 있게 되었다. 기업이 소비자 문화를 선도한 예다.

나에게도 한 가지 비슷한 꿈이 있다. 과일을 통해 선물 문화를 바꾸고 싶다는 생각이다. 명절이나 각종 이벤트가 닥치면 초콜릿이냐 반지냐 건강식품이냐 옷이냐 그것도 아니면 현찰이냐 고민에 고민을 거듭한다. 그런데 그 고민 안에 과일은 잘 안 보인다. 과일은 친척 집을 방문할 때처럼 격식은 차리되 부담스럽지 않은 선물이 필요할 때 쓰인다. 하지만 중요한 행사를 앞두고는 선물 목록에서 제외된다. 이런 선물 문화를 바꾸고 싶다는 생각에서 선물과일 패키지를 개발하게 되었다. 이 신제품 개발에는 비하인드 스토리가 있다.

하루는 어느 고객에게서 전화가 걸려왔다. 사정 설명 없이 무조건 고맙다는 말만 했다. 분위기가 하도 진지해서 이유가 궁금했다.

"얼마 전에 스승의 날이었잖아요? 아이 담임선생님께 선물을 하고 싶은데 사실 선물이 좀 예민한 문제잖아요? 그래서 이런 저런 고민을 하던 차에 마침 올프레쉬 배달과일이 도착한 거예요. 과일상자도, 상자 안에 예쁘게 개별 포장되어 있는 과일도 고급스럽고 보기 좋아서 이걸 드리면 어떨까 생각했지요. 그래서 곧장 올프레쉬에 전화 걸어 선생님 주소를 알려드리고 선물용이니 카드도 하나 써서 보내주면 좋겠다고 말하고 배달과일 하나를 주문했어요. 그런데 다음날 선생님이 과일을 받아보고 선물이 정말 마음에 든다며 전화를 직접 주셨어요."

고객은 전화를 끊을 때까지 고맙다는 말을 되풀이했다. 하도 인상이 깊은 전화라 오랫동안 마음에 남아 있었는데 어느 날 선물과일 분야를 개척하면 어떨까 하는 생각이 떠올랐다. 선물이라는 형태를 띠면 일단 가격이 상승하게 되는데 과일 선물은 비싸지도 않으면서 선물 받은 사람에게 뜻밖의 감동을 선사할 수 있겠다는 생각이 든 것이다.

: 고객의 전화 한 통에서 시작된 올프레쉬 선물과일 :

화분으로 재활용할 수 있을 만한 고급 바구니나 비단 보자기를 포장재로 쓰면 좋을 것 같았다. 포장 전문가에게 배운 솜씨로 세련되고 고급스런 패키지를 만들었다. 선물이 예쁘면 주는 사람이나 받는 사람 모두 만족하게 된다. 누구나 간단히 과일로 선물을 할 수 있도록 가격대나 종류도 다양화할 계획이다. 앞으로 더 대중화시켜서 우리의 선물 문화, 과일 문화를 바꾸자는 장기 계획을 세우고 있다.

어떤 사업이든 우리의 일상생활을 제품에 제대로 반영했을 때 생명도 길고 성과도 좋다. 그래서 사람들이 중요하게 생각하는 각종 이벤트에 맞춰 선물 패키지를 구성했다. 달력을 넘겨보면 과일 선물이 필요한 때가 의외로 많다. 젊은 층이 즐기는 이벤트 일을 비롯하여 가족행사도 한두 가지가 아니다. 요즘 들어 입소문을 타기 시작한 이바지, 잔치, 제수용 과일을 취급하는 '이벤트 과일 선물세트'를 개발한 것도 그런 이유에서다.

전통적인 기념일에는 대체로 선물이 정해져 있지만 최근에는 실용성을 추구하는 고객층이 늘면서 떡이나 고기 대신 과일을 선물하는 경우도 늘었다. 과일은 두고두고 나누어 먹을 수 있을 뿐 아니라 다이어트를 하는 사람도, 채식주의자도 부담 없이 먹을 수 있다는 장점이 있다.

친환경 제철 과일로 구성된 '월별 과일바구니 선물세트'가 있고, 정성스럽게 포장한 '스페셜 과일 선물세트'도 있다. 특별한 날 의미 있는 선물을 하려는 사람을 위해 준비한 고급형 상품들이다. 제철 과일 선물세트는 저렴하면서도 고급스러워 주부들에게 큰 인기를 끌고 있다. 행사 때마다 무슨 선물을 살까, 고민하는 것도 보통 일이 아니다. 그럴 때 망설임 없이 '아! 올프레쉬 과일 패키지가 있었지!' 떠올릴 수 있게 될 미래의 어느 날을 꿈꾼다.

온라인뿐 아니라 오프라인 매장에서 직접 보고 고급스런 포장에 반해 구입하는 사람도 많다. 한 번 주문한 고객이 바로 재구매하는 경우도 많다. 예쁜 포장을 열고 탱탱하게 알이 살아 있는 과일을 마주했을 때 감동은 배가된다.

다이어트, 병문안, 태교과일, 집들이 등 고객 상황에 맞는 '맞춤형 과일 선물세트' 등도 있는데 다양한 타깃과 니즈를 고려하여 새로운 패키지를 늘 고민하고 있다.

야쿠자 보스를 즐겁게 만든 과일 선물

공감각이라는 게 있다. '뜨거운 붉은색'이라는 말처럼 색깔을 보면서 촉각을 느끼는 것이나 '소리 없는 아우성'처럼 동작을 보면서 소리를 떠올리는 것들이 바로 공감각이다. 시각, 청각, 촉각, 후각, 미각의 다섯 가지 감각이 서로 융합되어 나타날 때 공감각을 체험하게 되는데 과일 또한 그렇다.

과일에는 노랑, 빨강, 초록, 보라의 색깔이 있고, 과일 특유의 향기가 있으며, 씹을 때의 톡 터지거나 아삭거리는 소리가 있으며, 물에 씻을 때의 뽀드득하거나 말랑말랑한 감촉이 있으며, 신선하고 차가운 촉감이 있으며, 입안으로 퍼지는 상큼하고 달콤한 맛이 있다. 어떤 감각은 순차적으로 이루어지기도 하고 때로는 동시에 다가오기도 한다. 이러한 감각들은 유쾌한 경험을 선사하며 그래서 마음을 움직인다. 마음을 움직이는 가장 좋은 것이 바로 선물 과일이다.

선물 과일이라고 하면 보통 병원에 문병 갈 때 들고 가는 과일바구니만 떠올린다. 아니면 지인의 집에 놀러갈 때 시장이나 마트에 들러서 한 봉지 사가는 정도다. 하지만 일본에서는 오래 전부터 각종 이벤트에 주고받을 수 있도록 세련되고 고급스러운 포장으로 과일 선물 패키지를 팔고 있다. 정성껏 포장된 신선한 과일 선물은 어른 아이 가릴 것 없이 감동을 선사한다. 나는 올프레쉬를 오픈하기 전, 일본의 타카노 과일숍에서 월 1회씩 총 6차례 교육을 받았는데 당시 나이 지긋한 구매 매니저, 고이케 가즈요 씨에게 선물 과일과 관련된 흥미로운 이야기를 들은 적이 있었다.

타카노에는 몇 백만 원에 이르는 멜론 선물세트를 정기적으로 구매하는 손님들이 있었다. 왕실 사람들이나 사회 명사들이었다. 이 중에 야쿠자 손님도 한 명 있었다. 일본 사람들은 중요한 사람에게 과일 선물을 즐겨 하는 편이다. 야쿠자는 선물할 일이 많으므로 타

: 과일 한 조각으로 사람을 감동시킬 수 있다는 게 믿겨지는가? :

카노 과일숍의 큰 고객이었다. 과일 출하시기를 알리는 안내서도 보내드리며 특별 관리를 했는데 이 야쿠자 손님은 주로 고급 멜론을 구입했다.

일본에는 500여 곳의 멜론 산지가 있다. 이 중 타카노에 납품하는 곳은 150곳이었다. 그런데 150곳이나 되는 농가에서 생산되는 최고급 멜론은 1년에 5~6개에 불과했다. 이 멜론들은 천만 원을 호가

했다. 한번은 특별 관리하던 그 야쿠자 고객이 천이백만 원짜리 멜론 세트를 구입해서 보스에게 상납했다. 돈으로 따지면 그 세계에서는 그리 대단한 선물은 아니었던 모양이다. 그러나 효과는 최고였다. 야쿠자 보스가 멜론을 먹어보더니 기절초풍하게 맛있다며 엄청나게 감동한 것이다.

아무리 맛있다고 감동까지 한다는 것은 지나친 표현이 아닐까? 그래 봐야 과일 한 조각 아닌가? 그러나 많은 고객들이 정성스럽게 선별하고 고급스럽게 포장된 '과일 선물'에서 감동을 경험한다. 과일의 새로운 발견이다.

물론 과일은 예전부터 선물로 자주 이용되었다. 그러나 제한적인 선물이었다. 중요한 사람, 특별한 날에 과일 선물을 떠올리는 사람은 많지 않았다. 남의 집이나 병원을 방문할 때든, 생일이나 이벤트 날이든 나아가 기억에 남는 무언가를 선물해야 할 때도 과일은 좋은 아이템이 될 수 있다고 생각한다. 물론 고급 선물만이 전부가 아니라 다양한 니즈를 반영하여 과대포장을 줄이고 합리적인 가격에 구매할 수 있는 선물 패키지 개발에 중점을 두고 있다.

과일 선물이 가진 또 하나의 장점은 반응이 바로 온다는 것이다.

"그 과일 정말 맛있었어요. 이렇게 맛있는 과일을 골라서 보내다니 정말 고마워요."

과일은 받은 자리에서 바로 꺼내어 먹을 수 있기 때문에 반응이 즉각적이다. 선물을 받아들었을 때 겉모양도 보기 좋고, 과일을 먹을 때 맛에 감동한다.

과일선물 패키지가 보편화되면 실용적이면서도 품격 있는 선물로 자리 잡을 것이라고 믿는다. 거기다 평소에 시장에서 보던 과일과는 품질에서 현격하게 차이가 나니 맛을 보면 더욱 감탄하게 된다. 이용한 고객들이 준 사람이나 받은 사람 모두 만족했다는 후기를 홈페이지에 자주 올린다. 이런 피드백을 읽으면서 새로운 아이디어로 더 나은 상품을 만들 힘을 얻는다.

과일은 먹는 것이 아니라 '경험하는 것'

우리는 과일을 파는 회사가 아니다. 우리는 과일과 관련된 경험을 판다는 마음으로 일한다. 어떤 제품이든 경험이 될 때 가치가 커지고 브랜드가 생긴다고 믿는다. 그래서 고객 피드백, 즉 고객이 과일을 '경험한 느낌'이 우리에게는 무척 소중한 것이다.

고객들이 빠지지 않고 달아주는 댓글 가운데 하나는 '과일이 정말 싱싱해서 놀랐다'는 얘기다. 유통과정이 간략해졌으니 유통기간이 짧아지면서 자연스럽게 얻게 되는 결과물이다. 불만사항은 과일의 구성과 관련된 언급이 많다.

한번은 딸기가 평소에 배달되던 매향 딸기가 아닌 다른 품종이 왔다는 불만을 올려주신 고객이 있었다. 배달박스의 과일이 정말 싱싱하고 포장도 깔끔해서 계속 이용할 생각이었는데 좀 실망스럽다고 했다. 그러면서 충고도 아끼지 않았다.

"회사 규모가 커지고 이용하는 사람들이 많아질수록 처음의 마음가짐을 그대로 지켜주시길 부탁드려요."

보통은 이렇게 전적으로 우리 쪽의 실책으로 빚어진 불만은 없는 편인데, 참 안타까운 상황이었다. 죄송한 마음에 이 글을 읽고 장문의 답글을 달았다. 시기적으로 3월 이후에는 딸기가 물러지고 당도가 떨어지기 때문에 일본인들도 이 시기에는 딸기를 연유에 찍어먹는다.

매향을 배달하지 않은 것도 그래서였다. 출하당일 당도를 체크해보니 매향의 당도가 낮아서 설향 딸기로 대체해 드린 것이다. 그런데 아무런 설명 없이 품종을 바꾸었으니 우리를 어떻게 보았겠는가. 그때그때 과일 생산에 대한 정보를 전해주지 못한 우리의 책임이 컸다.

하지만 회사 규모가 커지고 긴장을 늦추어서 생긴 일은 결코 아니다. 살아 있는 생물인 과일의 특성상 생길 수 있는 일이라는 취지를 충분히 설명하고 이 점을 경영에도 반영하겠다고 약속드렸다. 그 순간은 참 당황스럽고 난감한 기분이었지만 일에 대한 긴장을 회복하고 다시 한 번 점검하는 계기가 되었다.

선물용 배달과일 얘기를 해보자. 아직 우리나라에 넓게 뿌리를 내리지 않은 분야라 발전 가능성이 높은 분야다. 실제로 선물용 패키지 과일을 신청한 고객으로부터 여러 번 감사 전화를 받았다. 선물용 배달과일의 경우 다음과 같은 과정을 거쳐 판매된다.

손님이 선물용으로 과일 패키지를 샀을 경우 먼저 상대편 주소지와 선물하는 이유를 적는다. 출산, 생일, 각종기념일, 어버이날, 스승의 날, 명절 등 축하 사연도 다채롭다. 고객이 카드에 적고 싶은 문구를 준비해오면 상관이 없지만 적당히 써달라고 요청할 때는 그에 맞게 문구를 찾아서 써야 한다. 그리고 배달 전에 선물 받을 분에게 전화를 걸어 상황을 설명한다.

"○○○님이 고객님께 생신 축하 선물로 과일 바구니를 보내려고 합니다. 이 패키지에는 멜론, 파파야, 딸기, 아보카도, 참외, 망고, 천혜향 등이 들어 있는데 혹시 드시지 않거나 원치 않는 과일이 있으면 다른 걸로 바꿔드리겠습니다."

고객이 망고가 싫다며 빼고 싶다고 하면 대체할 수 있는 다른 과일의 목록을 알려주고 교체한다. 그것도 별로 맘에 안 드는 경우에는 기존 세트에 포함된 과일의 양을 늘린다. 고객이 원하는 과일로 바구니를 새로 만들어서 직원이 직접 배달을 해드린다.

실제로 이렇게 배달을 신청한 고객에게 나중에 감사 전화가 걸려왔다. 어머님께서 정말 기분 좋아하셨다며 친절한 응대에 감사하다는 내용이었다. 나야말로 감사한 마음이었다. 조금만 헤아리면 고객 니즈에 맞게 과일 구성을 바꿀 수 있고, 이런 배려는 단순히 과일 팔고 끝이 아니라 올프레쉬 과일에 대한 좋은 경험으로 기억에 아로새겨진다.

배달상자 안에다 배송된 과일의 품질, 생산자, 보관법까지 상세하게 적은 팸플릿을 함께 넣는다. 과일마다 각각 다른 효능에 대해서도 적었다. 지나치면서 무심히 몇 자 읽게 되더라도 도움이 될 건강상식에 관한 내용들이다. 다 아는 것 같지만 막상 신경을 쓰지는 못하던 정보들을 한 번 더 환기시켜주는 역할을 한다.

충격에 민감한 과일을 보호하기 위해서 무엇보다 포장에 신경을 쓴다. 과일을 하나하나 따로 포장해서 원래 신선도를 유지할 수 있도록 했다. 포장지를 보면 위 칸과 아래 칸으로 구분되어 있다. 위쪽 과일을 들어내면 예쁜 종이로 아래쪽 과일이 덮여 있다. 이것 역시

: 올프레쉬 배달과일은 우리가 주고 싶은 과일이 아니라 고객이 받고 싶은 과일로 구성한다. :

서로 부딪쳐서 과일이 손상되는 걸 최대한 방지하려고 고안해낸 방법이다.

파머스 마켓과 명품과일 배달서비스 체험단, 키스데이, 이지데이 등 매달 펼쳐지는 이벤트마다 회원들의 적극적인 참여로 다양한 피드백을 받아보고 있다. 돈을 지불하고 과일을 사먹는 것에도 고객의 마음이 실려 있지만, 홈페이지를 찾아와 관심을 갖고 올프레쉬에서 일어나는 일에 참여하는 분들의 생생체험담은 곧바로 경영에 반영할 수 있다. 어떤 마케팅 이론보다 실질적인 도움이 되는 내용들이다.

고객도 즐거워하고 올프레쉬에도 보탬이 되는 더욱 업그레이드된 이벤트를 개발하는 것도 소홀히 해서는 안 되는 일 중 하나다. 이벤트를 하게 되면 그 행사를 중심으로 앞뒤 며칠은 바짝 업무에 신경을 쓰고 준비하느라 느슨해졌던 마음이 다잡아진다. 사람들이 이벤트를 하는 이유도 생활의 활력을 주고 인간관계에 새 힘을 불어넣기 위해서인 것처럼 이벤트는 기업 같은 조직을 잘 돌아가게 하는 데도 윤활유 역할을 한다.

우리는 과일 소믈리에다

소믈리에(Sommelier) 포도주를 관리하고 추천하는 사람. 원어명 Sommellerie(프). 영어로는 와인캡틴(wine captain) 또는 와인웨이터(wine waiter)라고 부른다. 중세 유럽에서 식품보관을 담당하는 솜(Somme)이라는 직책에서 유래하였다. 솜은 영주가 식사하기 전에 식품의 안전성을 알려주는 것이 임무였다. 19세기경 프랑스 파리의 한 음식점에서 와인을 전문으로 담당하는 사람이 생기면서 지금과 같은 형태로 발전하였다. (출처 : 두산대백과)

'소믈리에'란 흔히 포도주를 추천하는 전문가를 말한다. 이들이

하는 일은 포도주를 입체적으로 경험하도록 하는 것이다. '소믈리에' 개념은 최근 식음료 분야에도 도입되었다. '워터 소믈리에', '채소 소믈리에' 등이 대표적이다. 그만큼 상품의 숫자도 많아졌고 고품질에 대한 소비자의 욕구도 강해졌으며 나아가 내가 모르는 새로운 경험을 갈망하는 사람들이 늘고 있다는 뜻이기도 하다.

올프레쉬의 역할도 '소믈리에'와 다름없다. 와인 소믈리에가 와인의 맛을 제대로 알기 위해서 재배산지의 토양과 기후, 재배과정까지 일일이 체크하여 '와인 경험'을 제공하는 것과 같이 '과일 소믈리에' 역시 과일의 재배부터 수확, 유통 나아가 건강, 신선함, 선물, 친절과 같이 다양한 경험까지 고객에게 제공한다. 물론 우리가 배송하는 것은 '제철과일'이지만 우리는 이를 통해 도심 속 과수원까지 경험하기를 희망한다. 경험을 팔기로 작정했는데 단기적인 이익을 쫓을 수가 있겠는가. 종종 이 사업의 비전에 대해 묻는 분들에게 나는 이렇게 대답한다.

"올프레쉬는 전국 회원 농가들이 친환경으로 재배한 제철과일을, 수정 단계부터 재배 과정, 수확까지 품질을 꼼꼼히 관리한 다음, 온라인으로 주문 받아 고객에게 전달하는 브랜드입니다. 단기적인 이익을 쫓을 생각은 없어요. 일단 안전하고 맛있는 제철과일을 365일

제공하면서 고객의 신뢰부터 두텁게 쌓을 생각입니다. 궁극적으로는 농가와의 상생, 착한 유통을 실천해서 농가와 고객 모두 행복해지는 것이 저의 바람입니다."

농가와 고객 모두의 행복에 기여하기 위해서는 그들에게 좋은 경험을 선사하고 좋은 기억을 심어주는 것이 우리가 할 일이다. 실제로 우리는 좋은 과일을 고르는 일에서는 누구보다 자신이 있다. 나는 과일 유통 분야에 16년간 몸담으며 잔뼈가 굵었다. 과일 품목을 하나씩 추가할 때마다 직접 농가로 달려가서 과일의 재배와 수확 과정을 몸으로 익히고 배웠다. 까다롭기로 소문난 일본의 대표 유통 매장 '이토 요카도(ITO YOKADO)'에 6년 동안 과일을 직거래한 경력이 이 사업의 밑거름이 되었다. 120년 넘게 이어온 일본 명품과일 숍 '타카노'에서 6개월 코스로 공부한 것도 큰 도움이 되었다. 무엇보다 이들 업체들에게서 과일에 대한 열정과 믿음을 배웠다. 그러한 경험들이 거름이 되어 보다 나은 '과일 경험'을 체험할 수 있도록 상품을 준비한다.

사실 경영만으로도 하루 일과는 꽉 채워지지만 어떻게든 오전 시간을 비워 품질관리팀과 함께 배송 전 상품들을 일일이 체크한다. 배송 전 상품이란 고객이 오감을 통해 경험하게 되는 최종적인 상태의 상품을 말한다. 이 단계에서 흠이 없을 때 고객은 최상의 경험을 하게 되고 그런 가운데 좋은 기억을 갖게 된다. 이렇게 고객 신뢰가 싹틀 때 농가 입장에서도 믿고 재배할 수 있는 확실한 판로가 생기는 셈이니 대충 팔면 그만이라고 생각할 수가 없는 것이다.

도심 속으로 과수원이 들어오다

올프레쉬가 고객을 만나는 최전선은 사실 따로 있다. 제아무리 인터넷이 발달하고 이미지나 동영상처럼 다양한 형태의 정보가 웹의 바다에 넘치더라도 백문이불여일견이라고 직접 보고 만지고 향을 맡아 보도록 하는 일은 중요하다. 이 역할을 하는 곳이 오프라인 매장, 즉 과일 카페다.

과일 카페의 기본 콘셉트는 도심 속 과수원을 경험하도록 유도하는 것이다. 고객들이 잠시 바쁜 일상에서 벗어나 과일 향이 가득한 곳에서 쉴 수 있도록 공간을 마련했다. 이런 기본적인 콘셉트 위에

도시인이 즐길 수 있는 다양한 과일 메뉴까지 준비하여 친근감을 높이도록 매장을 구성했다.

매장을 구성할 때는 한 가지 고려 사항이 있었다. 과일은 맛이나 향뿐 아니라 모양도 매우 중요한 상품이다. 그런데 개중에 외형 외에는 멀쩡한 과일도 있기 마련이다. 여러 가지 맛 가운데 '보는 맛'이 조금 떨어질 뿐 '먹는 맛'은 이상이 없는 과일들이다. 이런 과일은 모양을 변형시켜 판매하는 방법이 있다. 예컨대 주스라든가 커팅과일, 혹은 샐러드나 과일빙수, 딸기 찹쌀떡(모찌)처럼 본래의 맛과 향을 즐길 수 있는 동시에 외형을 변형시킨 메뉴가 가능하다. 이를 판매하는 것이 과일 카페의 용도 가운데 하나였다.

과일 카페도 커피를 파는 일반 카페처럼 테이크아웃도 가능하고 실제로 그런 사람들이 많다. 딸기 하나를 통째로 넣어서 만든 딸기 찹쌀떡은 카페에서 파는 케이크나 쿠키만큼 인기를 끄는 품목이다. 인근 회사 직장인이나 주민, 학원에 가는 학생들이 들러서 주스를 마시거나 간식으로 커팅과일과 과일샐러드 도시락을 구매한다. 과일 샐러드는 영국 올림픽 때 한국 대표 요리사로 참여한 토니 유 셰프의 지도로 개발했다.

예술이나 기술 분야에는 '작은 차이가 큰 차이를 만든다'는 격언

: 올프레쉬 과일 카페의 인기 메뉴 중 하나인 '딸기 찹쌀떡' :

이 있다. 세밀한 관찰이 중시되는 이유이다. 나는 사업도 마찬가지라고 생각한다. '과일주스가 거기서 거기 아니냐'라는 고정관념을 갖고 있으면 작은 차이는 발견될 수도 없고, 새로운 가치를 창출할 수도 없다.

요즘은 100% 과일 주스가 보편화되었는데 아직 주스에 넣는 얼음까지는 물로 활용하는 경향이 있는 것 같다. 얼음이 녹으면 농도가 떨어져 맛이 싱거워진다. 그래서 우리는 생수 얼음이 아닌 과일즙 얼음을 활용한다. 얼음이 녹아도 맛이 그대로 보존된다면 처음부터 끝까지 좋은 경험을 유지할 수 있다. 첫인상이 중요한 만큼 마지막 인상도 중요하다. 끝까지 맛을 유지시킬 수 있는 방법으로 과일즙 얼음은 충분히 경쟁력이 있다고 생각한다.

고객 중에는 미용에 관심이 많은 20~30대 여성들이 상당수다. 피부미용을 위해 꼭 필요한 비타민과 수분 섭취에 과일주스를 따라갈 음료가 없다. 고객층도 차츰 수험생이나 수험생 부모, 남자들로 넓어지고 있다. 다행인 것은 한 번 찾은 고객이 다시 찾아온다는 점이다.

고객의 반응을 보면 패키지의 세련미와 내용물의 신선도 둘 다 중요하다는 것을 알 수 있다. 과일 카페는 규모가 작지만 깔끔하고 모던한 디자인으로 쾌적한 분위기를 내도록 인테리어를 연출했다. 아무래도 음식을 파는 곳이니까 무엇보다 청결이 우선이다. 그리고 생각보다 비싸지 않은 가격은 덤이다.

일본의 과일매장 '타카노'에서 배우다

처음 과일 사업을 시작하게 된 계기도 일본에서 비롯되었고 여러 경영기법을 배운 곳도 일본이다. 일본은 나한테 여러 측면에서 긍정적인 자극과 배움을 주는 곳이다. 새로운 사업을 구상할 때 일본에 한 번씩 다녀온다. 시장조사도 하고 우리와 비슷하면서도 다른 일본의 소비문화를 견학하기 위해서다. 갈 때마다 느끼는 점, 배울 점이 한두 가지가 아니다.

한번은 과일 카페와 프리미엄 과일 판매대를 둘러보기 위해 출장을 다녀온 적이 있다. 일본의 과일 카페는 일본 전역에서 손쉽게 찾아볼 수 있을 만큼 보편화되어 있다. 카페에 들어서면 눈으로 즐기면서 먹을 수 있도록 색다른 메뉴를 다양하게 준비해 놓았다. 일본은 음식을 눈과 귀, 코처럼 다양한 감각으로 즐기는 나라로 유명하다.

소비자들을 살펴보면 의외로 20대의 젊은 층이 커팅과일 도시락이나 과일을 이용한 여러 가지 간식거리를 즐겨 먹었다. 멋과 디자인을 중시하는 한국의 젊은 소비자들에게도 충분히 소구력이 있는 접근이었다.

타카노 신주쿠 매장은 일본의 과일 브랜드 매장 중 가장 유명한 곳 중 하나이다. 지하 1층은 과일 선물숍이고 5층에는 과일 및 과일 디저트를 무제한 먹을 수 있는 뷔페와 단품으로 주문이 가능한 과일 카페가 있었다. 특이한 점은 타카노는 여성전용매장이 아닌가 싶을 정도로 여성 고객이 많았다. 대부분 여성끼리 오거나 여성을 동반한 데이트 커플이었다. 고객의 표정에 '뭘 해도 즐겁고 뭘 먹어도 맛있어요!' 라고 씌어 있다.

일본은 선물을 주고받는 행사나 이벤트가 많은 편인데 이때도 과일은 빠지지 않는 품목이었다. 매장에는 상황과 대상에 맞는 여러 가지 선물세트를 구비해놓고 있었다. 가격별, 과일별로 수십 가지 상품이 진열되어 있었다. 선물세트 매장 맞은편에서는 단품 과일들이 놓여 있었다. 개개인의 기호에 따라 구매할 수 있도록 배려한 것이다.

매장 안에서는 종업원들이 제철과일을 깎아서 접시를 들고 다니며 손님들에게 시식을 유도한다. 타카노의 철칙은 '손님들에게 직접 과일 맛을 보여주는 것'이라고 한다. 과일 맛을 모르면서 비싼 과일을 살 리가 없다는 것이다.

큰 선물세트든 작은 단품 과일이든 포장에도 세세하게 신경을 쓰는 모습이 인상적이었다. 선물을 건네주었을 때 상대의 마음이 흡족하도록 포장에 특별히 신경을 쓴다. 물론 일본 사람의 포장에 대한 과도한 집착은 너무 잘 알려진 사실이다. 그러나 이런 현상을 그들이 포장에 집착한다고 판단할 것인지, 아니면 그들이 선물하는 것은 '먹는 과일'이 아니라 '경험하는 과일'이라고 판단해야 할지 분별해야 할 필요는 있다. 좋은 포장은 '경험'에 해당하는 것으로 그들은 '맛있는 과일을 먹어보라'는 생각이 아니라 '좋은 과일을 경험해보라'는 의미로 선물을 하는 것이다. 포장은 철저히 그런 관점에서 접근해야 할 부분이다.

타카노의 핵심 멤버인 고이케 가즈요 씨를 만나서 인터뷰를 했다. 2대에 걸쳐 사장을 모시고 있으며, 타카노 과일 구매의 전량을 검수

할 정도로 탁월한 미각을 지닌 분이었다. 장장 3시간에 걸쳐 타카노의 창업이념과 발전역사, 그리고 과일브랜드의 경영전략까지 자세하게 이야기해주어서 앞으로 올프레쉬가 나아가야 할 방향을 잡는데 큰 도움이 되었다.

그중 특히 강조한 부분인 최상의 상품만을 고집하라는 내용과, 과일을 아끼지 말고 제공하라는 조언이 무엇보다 가슴에 와 닿았다. 일본에서는 이미 고객들이 친환경, 맛과 품질, 안전성은 기본으로 생각한다는 점도 귀띔해주었다.

멜론 과일세트는 약간 비싼 편이었는데 무작정 비싸게 파는 것이 아니었다. 노력에 대한 정당한 대가라고 여겼다. 정말 좋은 농가를 찾아 발품을 팔고 가장 좋은 상태의 멜론을 골라 고객에게 제공하기 때문에 1년 내내 농가 관리를 안 할 수 없다고 한다. 직접 농가를 관리하는 노하우로 최고의 과일을 생산하게 하는 것이 타카노의 창업이념이라고 했다.

인터뷰가 끝나고 지하 2층으로 내려오니 푸드 코트와 케이크 판매점, 과일바가 조그맣게 자리 잡고 있었다. 너무 예뻐서 먹기가 아까울 정도인 과일 파르페와 과일 샐러드, 과일 와플, 케이크 수십 가지가 진열되어 있었다. 그밖에도 다양한 과일 가공식품을 팔고 있었다.

화려한 과일 케이크는 단번에 눈길을 사로잡았다. 과일 반, 케이크 반이라고 할 만큼 과일이 케이크 위에 듬뿍 얹혀 있었다. 냉면 위에 고명 올리듯 모양을 내기 위한 게 아니라 과일을 충분히 섭취할 수 있도록 만든 케이크였다. 색색가지 과일이 주는 화려한 색감과 미감이 케이크의 고급스러움과 어우러져 손님의 눈길을 끌어당겼다.

타카노 외에도 과일타르트 전문점과 백화점 내 과일매장도 몇 군데 둘러보았다. 규모도 대단하지만 깜짝 놀랄 만큼 매장도 세련되고, 여러 가지 상품을 개발해서 선보이고 있었다. 매장의 구성 방식은 점포마다 달랐지만 공통점도 있었다. 어떤 매장을 가든 상품이 다채롭게 준비되어 있다는 점과, 인테리어가 고급스럽다는 점이다.

상품 구성과 포장에 대해서도 유익한 팁을 많이 배울 수 있었다. 3박 4일의 짧은 출장 기간 동안 과일매장에 관한 다양한 실전 노하우와 정보를 얻었다. 앞으로의 사업 계획에 활용할 수 있는 소중한 정보들이었다.

완벽을 추구하는 일본인의 정신은 식문화에도 그대로 나타난다. 접시에 음식을 놓는 일도 마치 도화지에 아름다운 그림을 그리듯 색과 모양을 고려해서 조화롭게 배치한다. 과일은 색깔과 크기, 모양과 향이 다양하기 때문에 무얼 만들어도 모양새가 난다.

눈으로 봐서 예쁜 과일이 맛도 좋고 다양한 메뉴로 제공된다면, 거기다 품질도 믿을 만하고 가격까지 적당하다면 당연히 성공할 수밖에 없다. 커피에 치우쳐 있는 음료문화에 대해 우려가 높은 시점에서 식사와 간식, 음료까지 해결하는 과일 카페는 앞으로 얼마든지 발전가능성이 있다.

우리나라 소비자들이 장소의 안락함과 럭셔리함을 먼저 고려한다는 점도 염두에 두고 있다. 단순히 음료를 마시러 가는 것이 아니라 편안하고 기분 좋은 장소에서 일종의 문화체험을 하고 싶어 한다. 홍대나 삼청동, 청담동이나 신사동 가로수 길을 중심으로 인테리어와 엑스테리어가 멋진 카페와 식당이 나날이 늘어나는 점만 봐도 알 수 있다.

김밥이나 햄버거 같은 4천 원 이하 점심을 먹고 5천 원짜리 커피를 마시는 심리에는 그런 속내가 숨겨져 있다. 잠깐일망정 내 시간을 마음 편하고 멋진 곳에서 보내고 싶은 마음은 누구나 마찬가지이다. 그런 의미에서도 일본 시장에서 보고 배운 점이 많다. 전문가와 각계각층의 소비자 의견을 겸허히 수용해서 단계적으로 꾸려나가야 할 일이다.

끊임없이 새로운 경험을 제안하라

기업의 제1 목적이 이익 창출이던 시절은 지났다. 이익 창출은 수단일 뿐이고, 근본적인 목적은 사회와의 공존이다. 이 목적을 위해서는 우선 기업의 1차 고객인 직원들의 근무 환경부터 조성하는 것이 필요하다. 직원들이 창의적인 생각을 할 수 있도록 근무환경을 개선하고, 여직원들을 위한 탁아소를 운영하고, 근무시간에 맘 놓고 수유를 할 수 있는 환경을 만드는 경영인에게는 고개가 먼저 숙여진다.

올프레쉬도 이름처럼 언제까지나 사람들의 삶을 신선하고 아름

답게 가꾸는 데 도움을 주고, 행복한 생활을 하는 데도 보탬이 되기를 바란다. 그러기 위해서 오늘도 직원 전체가 머리를 맞대고 마음을 모아 더 나은 기획을 구상하고 있다.

기업은 새롭지 않으면 죽는다. 중국의 탕왕은 자신의 세숫대야에 '일신 일일신 우일신(日新 日日新 又日新)'이라는 글귀를 새겨 두고 매일 얼굴을 씻을 때마다 읽었다고 한다. 전날의 때를 씻어내어 오늘 맑은 마음으로 하루를 맞이하겠다는 의지의 표명이다. 마치 오늘 뜨는 태양이 어제의 태양이 아니듯 말이다. 안일하게 어제 했던 대로 오늘 그냥 일하고, 그저 그런 내일을 맞이해서는 발전도 없고 변화에도 따르지 못하게 된다. 그런 노력이 쌓이면 반드시 겉으로 드러나게 되어 있고 소비자도 외면하지 않는다. 남의 것을 가져오기보다 내 방식대로 개발하고 개척하는 것이 장기적으로도 더 유리하고 좋은 선택이다.

똑같은 물건이라도 진열 위치를 바꾸거나 포장지를 바꾸어 변화를 시도해본다. 같은 딸기 찹쌀떡이라도 천연재료를 써서 여러 색을 내본다거나 해서 소비자의 관심과 호감을 끌어낼 수 있도록 한다. 올프레쉬를 계속 찾아준 손님에 대한 보답이고 예의라고 생각한다.

식당만 해도 잘되는 집은 계절마다 메뉴를 바꾸고, 같은 백반이라도 반찬에 변화를 준다. 고객의 입장에서 마케팅을 하는 전형적인 예이다. 왜 식당이나 커피전문점이 장사가 잘 되는데도 비싼 돈을 들여 인테리어를 바꾸겠는가? 식당이나 커피전문점 역시 단지 밥을 팔고 커피를 파는 곳이 아니기 때문이다. 되풀이되는 경험은 효용가치가 떨어져 만족도가 낮아진다. 그래서 작더라도 변화를 주는 곳만이 지속적으로 고객을 끌어들인다.

생존에 필요한 먹거리에서 삶을 윤택하게 해주는 가치로

'농산물이란 밭에서 자란 식료품'이라는 생각에 변화를 가져오는 데 공헌한 사람들이 많다. 이 변화는 두 가지 측면에서 생각할 수 있는데, 하나는 친환경 농산물의 증가로 '농산물은 몸에 좋다.'는 생각의 변화와, 음식이란 마음을 치유하고 행복을 가져다주는 것이라는 인식의 변화다. 허기를 채우기 위해 후다닥 밥을 먹어치우는 게 아니라 지친 심신을 재생시키고 여유와 행복, 그리고 대화까지 가져다는 주는 새로운 개념이 생긴 것이다.

'웰빙'이라는 말이 등장한 시기는 우리나라가 성장 위주의 삶에 한계를 느낀 시기와 일치한다. 일에 치여서 건강을 잃고, 삶의 질은 가난할 때와 별반 다르지 않다는 것을 깨달은 거다. 열심히 일해서 돈을 벌어봤자 내 입에 들어가는 음식은 달라지지 않고 몸만 병들더라는 생각이 자연스레 사람들 사이에 퍼졌다. 이렇게 무의미하게 살 수 없다는 자각, 대안적인 것을 찾는 의지에서 자연스럽게 웰빙 문화가 탄생했다. 올프레쉬 프리미엄 과일이 인기를 끌게 된 것도 일상의 삶에 일어난 중대한 변화와 무관하지 않다.

"수입의 절반은 먹는 데 쓰고, 나머지 절반은 다이어트 하는 데 쓴다."

얼마 전에 들은 이야기다. 배를 채우는 게 중요한 가치였던 시절에서 먹는 즐거움을 그대로 누리면서 건강과 외모에 대한 관심까지 증대되었다는 말이다. 삶의 가치가 생존 자체가 아니라 어떻게 생존할 것인가 하는 'how'의 문제로 넘어간 것이다. '구질구질하게 살기는 싫다'라든가 '같은 걸 먹어도 이왕이면' 하고 생각하는 것도 모두 가치가 바뀌었기 때문에 나타나는 현상이다.

이제 더는 값싸고 양 많은 음식으로는 안 된다. 기존 시장은 이미 차고 넘치는 데다 시장 자체도 세분화되고 있기 때문이다. 이제는 질이 중요한 시대, 즉 가치의 차원으로 무게중심이 달라졌다.

직장에서 늦게까지 야근하고 가족과 함께 보내는 시간이 절대적으로 부족한 사람들은 잠깐이라도 식구가 모이는 식탁에서의 시간을 즐겁게 보내려는 욕구가 커진다. 덕분에 요즘은 부엌 인테리어를 바꾸는 게 하나의 트렌드로 자리 잡았다. 아일랜드 식탁을 설치한다느니, 부엌 조명을 바꾼다느니, 식기세척기의 수요가 늘어난다느니 하는 것은 식탁의 경험을 보다 새롭게 하고 싶은 욕구 때문이다. 식구들이 전부 밖에 나가서 일하니까 집에 있는 동안 함께 보낼 수 있는 공간인 거실과 부엌, 그중에서도 마주보고 음식을 먹으며 대화할 수 있는 부엌을 쾌적하고 멋진 공간으로 꾸미고 싶은 것이다.

올프레쉬의 과일을 배달시켜 먹는 사람들이 게시판에 올린 글을 읽어보면 수험생이나 직장인이 바쁜 틈에 비타민을 보충해서 건강을 챙기려고 좋은 과일을 구매한다는 얘기가 많이 나온다. 건강을 위해서는 음식만큼은 좋은 걸 먹어야 한다는 쪽으로 생각이 바뀌었다. 특히 정신 건강이 최근 화두가 되면서 정신을 맑고 편안하게 해주는 음료나 과일 등의 수요가 높아진다. 종일 밖에서 스트레스를 받고 온 사람이 집에 들어와 가족이 챙겨주는 과일 한 조각을 먹으면서 기분을 전환한다.

"어, 이 사과 진짜 맛있다."

이 한마디로 과일을 준비한 사람도 먹는 사람도 행복지수가 올라간다.

소비자의 인식 속에서 과일이 차지하는 위치가 바뀌고 있는 것은 분명하다. 그때의 과일은 몸과 마음 모두에 필요한 비타민이 된다.

홈페이지는 고객이 완성시킨다

2012년 11월, 온라인 홈페이지를 오픈, 전국의 고객들과 언제 어느 때나 실시간으로 소통할 수 있게 되었다. 요즘은 인터넷 없으면 못 사는 세상이다. 길을 찾을 때도, 음식점을 검색할 때도, 옷이나 가구를 장만하고 싶을 때도 인터넷을 뒤져 정보를 찾는다. 찾는 정보의 종류도 다양해졌다. 업체에서 직접 제공하는 기본적인 정보 외에도 신문사, 파워블로거의 소개, 이용자의 피드백까지 다양한 형태의 정보가 존재한다. 하나의 제품을 놓고 전문가, 사용자, 업체가 각각 자신들의 시각이 반영된 정보를 제공하고 있다. 나아가 이런 정보들이 실시간으로 바뀌고 있기 때문에 정보는 마치 살아 있는 생명체처럼 끊임없이 진화하며 때로는 소멸되기도 하고 때로는 발전하기도 한다.

시대가 이렇다 보니 홈페이지는 기본이 되었다. 고객이 우리 회사에 접근할 수 있는 방법으로 이보다 직접적이고 효과적인 방법이 또 있을까 싶다. 실제로 홈페이지에서 거래의 모든 것이 이루어질 만큼 고객과 만나는 루트로서 홈페이지의 역할은 막대하다.

홈페이지의 가장 이상적인 형태는 막힘없는 소통 공간, 진화하는 소통 공간을 만드는 것이다. 특히 제품 소개, 제품 판매, 구매 후기, 출하 정보, 이벤트 소식처럼 업체가 정보를 제공하는 것도 중요하지만 이보다 고객의 피드백이 100배는 더 값어치가 있다. 불만사항뿐 아니라 만족한 점이나 우리가 생각지 못한 뜻밖의 상품 활용 방법에 대한 팁은 비즈니스의 방향을 잡는 데 도움이 된다.

불만사항의 경우, 전화로 응대하는 것보다 홈페이지에 글을 올리는 게 감정적인 소모를 막을 수 있다는 장점이 있다. 다만 불만을 접수한 글이 올라오면 고객이 충분히 납득할 수 있도록 조치를 취하지 않으면 안 된다. 또한 홈페이지는 음성 전달의 한계를 뛰어넘을 수 있도록 사진도 함께 올릴 수 있는 이점이 있다. 전화기 붙잡고 말만

: 고객이 남기는 한마디의 말에서 아이디어는 시작된다.
올프레쉬 매장에서 판매하는 과일 샐러드 도시락 :

으로 전달할 때보다 의사소통이 훨씬 용이하다.

소비자의 글에서 아이디어를 얻는 경우도 많다. 한번은 이런 제목의 글이 올라온 적이 있었다.

"어린이집 도시락을 과일로 쌌어요."

간단한 내용이지만 정말 많은 정보가 담긴 글이었다.

'아! 과일을 집에서만 먹는 걸로 생각했는데 아이들 도시락을 싸 줄 수도 있구나. 아니, 그러면 어른들을 위한 도시락도 가능하겠네.'

유치원에서 생일파티를 하는 날 생일을 맞은 아이의 엄마는 아이들 전체를 위해 간식을 준비한다. 보통은 피자나 햄버거를 배달시키지만 글을 올린 그 고객은 개인용 투명 플라스틱 용기를 준비하여 방울토마토, 키위, 바나나, 사과를 잘라서 담았다. 사진을 보니까 모양도 예쁘고 색깔도 가지각색이라 아이들이 무척 좋아할 것 같았다.

과일로 만들 수 있는 다양한 레시피를 올려주는 고객도 있었다. 각종 과일로 만든 셰이크, 과일피자, 사과냉이무침, 과일이유식, 과일조림토핑 핫케이크, 과일카나페 등 실생활에서 얻은 아이디어도 풍부했다.

홈페이지는 기업체에서 만들지만 결국은 소비자가 완성시킨다. 개방 공간으로 열어두면 소비자가 올린 글이 다시 새로운 콘텐츠가 되어 또 다른 소비자를 부른다. 이렇게 소비자의 참여에 의해 움직이는 홈페이지가 가장 이상적인 소통 공간이 아닐까 싶다.

통즉불통(通卽不痛) 불통즉통(不通卽痛)

동의보감이라는 책을 한마디로 요약하면 '통즉불통(通卽不痛) 불통즉통(不通卽痛)'이라고 한다. 통하면 아프지 않고, 통하지 않으면 아프다. 몸의 기가 잘 통하면 병에 걸릴 리 없다는 말처럼, 고객과 기업이 서로 잘 통할 때 고객이 느끼는 제품의 가치 역시 올라간다.

고객이 매장에 직접 찾아와서 불만을 토로하든 전화로 화를 내든 혹은 홈페이지 게시판에 문제점을 적든 이를 들어주는 상대가 필요하다. 그럴 때 비로소 문제 제기가 의미를 갖고 내용 또한 빛을 발한다. 고객의 주장이 앞뒤가 맞지 않고 비상식적인 내용이더라도 그게 고객 입에서 나왔을 때는 100% 수용하려는 자세를 가져야 한다.

나는 늘 이 점을 직원들에게 강조한다. 기본적으로 우리는 제품이 고객의 손에 쥐어졌을 때 어떤 결과로 이어질지 사전에 그려보아야 한다. 그런 뒤에 고객이 실제로 느끼는 감정이나 경험들이 예측한 것과 일치하는지 관찰해야 한다. 내가 너무 앞서가거나 뒤늦게 쫓아가지는 않는지 알아보기 위해서다. 뒤처지는 것도 문제지만 너무 앞서가서도 안 된다. 반보 정도 앞서서 움직일 때 나란히 걷게 되는 효과를 거둘 수 있다.

다행히 우리 홈페이지에 방문하는 고객들은 감정을 폭발시키기보다 차분히 문제점을 설명하고, 적당한 조치를 받았을 때 감사의 말씀을 남기는 것도 잊지 않는다. 한쪽에서 성심으로 들어주는 자세를 취할 때 소통은 당연히 잘 이루어진다.

한때 〈경청〉이라는 책이 베스트셀러가 된 적이 있다. 세상에 들을 줄 모르는 사람이 있어서 그것도 배워야 하나, 하고 말하는 분을 본 적도 있다. 그러나 남의 말을 들어줄 여유와 자세를 갖추지 못한 사람이 의외로 많다. 물밀듯 쏟아지는 정보의 홍수 속에 살다 보니 남의 의견을 귀히 여기지 않게 되면서 생긴 현상일 것이다. 이 책의 부제는 '마음을 얻는 지혜'였다. 이청득심(以聽得心), 귀 기울여 듣는 것이 사람의 마음을 얻을 수 있는 방법이라고 설명한다. 상대가 우리가 하는 말에 귀를 기울여주면 어떤 기분인가? 그 사람에게 호감이 생기지 않는가?

그렇다면 고객의 얘기는 어떻게 들어야 바르게 듣는 것일까? 첫째, 귀로 듣는 것이 아니라 마음으로 들어야 한다. 들어줄 마음이 없다면 귀가 100개여도 들리는 소리는 모두 소음에 불과하다. 둘째, 적절한 리액션이 필요하다. 게스트가 하는 말에 적절히 반응을 보일 줄 아는 MC가 좋은 MC다. 리액션이 없으면 무안해진다. 리액션이 늦어져도 무안해진다. 즉각적인 응답이 필요하다. 고객후기에 글을 올린 지가 언젠데 답도 없고 해당사항에 대한 조치도 없다면 고객의 마음이 멀어지는 것은 시간문제다.

올프레쉬 홈페이지에 올라오는 고객 후기는 주로 내가 댓글을 단다. 그래야 소비자가 무엇을 원하는지와 우리 회사가 처리해야 할 것들이 무엇인지 정확히 알 수 있다. 예기치 못한 상황이 자주 발생하기 때문에 고객 응대는 소홀히 할 수 없다.

얼마 전에는 충청도에 사는 한 고객이 배달과일을 주문한 적이 있었다. 서울의 경우는 직원이 배달을 갈 때 반드시 미리 과일 사진까지 찍어서 보내고 연락을 하고 간다. 지방의 경우는 택배회사에 배달을 위탁한다. 우리는 당연히 택배회사 직원이 고객에게 배달시간을 알려주었으리라고 생각했다. 그런데 고객이 집에 없으니까 그냥 경비실에 놓고 간 모양이다. 고객은 다음날 물건을 받게 되었다. 택배 직원은, 경비실에서 연락했으리라고 생각하고 따로 연락을 취하지 않았다. 서로 일을 미루다가 벌어진 일이었다.

여름철에 커팅해서 배달한 수박이 하루가 지났으니 멀쩡할 리 없다. 수박에서 시큼한 냄새가 난다며 무성의한 일처리를 항의하는 글이 올라와 있었다. 누구라도 화가 나는 건 당연한 일. 상황을 자세히 설명하고 수박 값을 변상해드렸지만 그 순간 고객이 느꼈을 불쾌함을 보상할 방법은 없다. 미안하다는 말로는 부족하다. 그 사건 하나로 회사 측에서도 배달에 대한 큰 교훈을 얻었고 바로 업무에 반영해서 문제점을 보완했다.

나는 언제나 고객의 입장에 서서 문제를 풀어가려고 노력한다. 고객이 중심이다. 올프레쉬나 회원 농가나 고객이 없다면 아무런 존재가치가 없다.

과일 속의 황금, 파이토케미컬(Phyto-chemicals)이란 무엇인가?

전 세계 영양학자들이 21세기의 새로운 비타민, 7대 영양소로 주목하고 있는 파이토케미컬이 어떤 성분인가 알아보자. 파이토케미컬은 각종 과일 및 채소에서 발견할 수 있는 식물화합물질로 파이토(phyto)는 식물, 케미컬(chemical)은 화합물을 뜻하며 식물 속에 존재하는 성분들 중에서 건강에 유익한 생리활성을 가진 미량의 성분을 의미한다. 쉽게 말해서 식물이 병원균, 해충, 곰팡이 등으로부터 자신을 보호하기 위해 생성하는 여러 보호 물질이 바로 파이토케미컬이다.

성장하고 열매 맺는 과정의 과일과 채소는 따가운 햇볕에 노출되어 장시간 햇빛을 견디면서 각기 다른 소량의 자기방어 물질 '파이토케미컬(식물내재영양소)'을 만들어 낸다. 그래서 색이 있는 채소나 과일이 햇빛에 의한 산화(노화)를 억제하는 데 중요한 역할을 한다.

이 파이토케미컬이 인간의 몸속에 들어가면 몸을 보호하고 질병을 예방하며 또한 노화를 막아준다. 특히 암 예방에 효과가 탁월하다. 보통 암은 10년의 발암단계를 거쳐 발생하는데 파이토케미컬은 암을 일으키는 발암단계에 영향을 미쳐 암을 예방한다. 이밖에도 항산화제로써 노화 방지, 해독, 항염증 작용, 면역력을 증가시키는 작용을 해서 병의 근원을 없애기 때문에 암, 고혈압, 당뇨병의 치료에도 이용된다.

특정 색깔의 채소나 과일만 즐겨 먹는다면 아무리 많은 양을 먹어도 결핍되는 영양소가 있기 마련이다. 여러 색의 과일과 채소를 골고루 섭취해야 하는데 선명한 색일수록 파이토케미컬이 듬뿍 들어 있다. 오색과일에 들어 있는 파이토케미컬은 아래의 다섯 가지이다.

홍색은 라이코펜/안토시아닌, 황색은 플라보노이드/카로틴, 녹색은 루테인/젝사틴/인돌, 보라색은 안토시아닌, 흰색은 안토크산틴 이소플라본 등이다.

과일의 **빨간색** 파이토케미컬은 우리 몸 안에서 '유해산소를 제거하는 청소부'로 불린다. 토마토, 사과, 수박, 딸기, 자두 등 홍색 식품에 존재하는 라이코펜, 안토시아닌 등의 성분은 항산화 작용으로 암을 예방하기도 하지만 노화를 막아준다. 특히 토마토에 많이 들어 있는 라이코펜은 남성의 전립선암을 예방한다고 전해진다.

황색 대표 과일인 오렌지나 감에는 플라보노이드가 풍부하다. 플라보노이드 또한 유해산소의 활동을 차단하는 뛰어난 항산화 물질이다. 이 중 헤스페레틴이라 불리는 영양소는 귤이나 레몬, 라임 등 비타민 C가 풍부한 과일에 많다. 좋은 콜레스테롤은 증가시키는 반면 나쁜 콜레스테롤은 낮춰주는 역할을 한다. 망고, 파파야, 파인애플, 고구마, 당근 등의 황색식품에는 암이나 심장질환을 예방하는 카로틴과, 빈혈을 예방하는 베타카로틴 성분이 함유돼 있다.

녹색 과채류인 브로콜리, 키위, 청포도, 아보카도에는 루테인, 젝사틴, 인돌 등의 성분이 있다. 인돌은 신장과 간장의 기능을 촉진하고 수은, 환경호르몬과 같은 공해물질을 해독해준다. 유방암을 예방하는 데도 도움을 준다. 키위에는 비타민,

미네랄과 함께 파이토케미컬도 풍부하다. 키위 한 개에 들어 있는 비타민 C는 하루 권장량의 두 배가 넘는데 비타민 B군인 엽산은 일일 권장량의 17%, 비타민 E는 10%, 칼륨과 칼슘은 각각 10%, 6%나 된다.

블루베리, 포도, 가지, 검은콩, 보라색 양배추 등 **보라색**이나 **검은색** 과채류에 들어 있는 안토시아닌은 눈, 두뇌 건강에 필요한 성분이다. 시력을 회복하거나 고혈압, 동맥경화, 심근경색 등 심혈관계 질환을 예방한다. 적포도주가 심장병 예방에 효과적인 것도 이 때문이다. 껍질에 주로 들어 있는 플라보노이드는 동물성 지방섭취로 증가하는 노폐물이 혈관벽에 침착하는 것을 막고 유해산소에 의한 유전자 손상을 감소시키는 항암 작용을 한다.

바나나, 백도, 마늘, 양파, 버섯, 생강 등 **백색** 식품에는 콜레스테롤을 낮추는 파이토케미컬이 함유돼 있다. 갱년기 증세를 완화시키는 플라보노이드 계열의 안토크산틴이라는 색소 중 하나인 이소플라본은 여성 호르몬인 에스트로겐처럼 중년여성의 폐경기 초기 증상을 완화시켜 준다.

맛도 좋은 과일이 건강의 지킴이 역할까지 한다면 더 바랄 나위가 없다. 또한 면역에 필수 요소인 효소는 열에 약하므로 생야채나 생과일, 발효식품을 통해서만 섭취할 수 있다. 가공식품과 육류를 많이 먹는 현대인이 과일을 많이 먹어야 하는 이유다. 과일의 씨와 껍질까지 먹는 태초의 식습관과 생활 습관으로 돌아가야 건강을 찾을 수 있다는 주장도 있다. 그러기 위해 믿을 수 있는 친환경 과일을 골라야 하는 것이다.

진심과 통하라

: 나는 신뢰를 어떻게 배웠나 :

여불위, 호설암, 임상옥, 장보고, 이와사키 야타로, 미쓰이 다카토시, 로스차일드…… 세계 각국의 거상들이다. 이들 중 세계 최고의 거상은 누구인가? 만일 내게 한 명을 고를 수 있는 자격이 있다면 나는 신뢰를 꼽겠다. 신뢰만큼 위대한 상인도 없다.

과일과의
인연이 시작되다

기회는 우연히 온다고 한다. 동시에 기회는 준비된 자에게만 온다고 한다. 두 개의 경험법칙을 합치면 '기회는 우연히 오는데 준비가 되어 있는 사람만이 그 기회를 잡을 수 있다'라고 정리할 수 있다.

1998년 IMF 시절, 사업 실패로 새 일을 찾아야 했다. 결혼과 동시에 무역회사를 그만두고 처음에는 일본어 강사를 하다가 남편의 제안으로 식당을 개업하게 되었다. 막상 뚜껑을 열어보니 예상치 못한 어려움이 많았다. 식당 역시 경험 없는 사람이 손쉽게 뛰어들 수 있는 업종이 아니었다.

고기집을 접고 잉어찜 집을 차렸는데 주방장이 돈만 받고 요리법은 잘 안 가르쳐주었다. 잉어찜으로 유명한 안동으로 내려가서 식당마다 찾아다니면서 먹어보고 인터넷을 뒤져 요리법을 개발했다. 나는 요리에 문외한이었다. 공부가 절실했다. 요리책을 보다가 양념에도 순서와 비율이 있다는 것을 알게 되었다. 밤이 되면 마늘과 생강을 3대1의 비율로 맞추고 재료들을 바꿔가며 최고의 맛을 찾기 위해 노력했다. 시골에서 직접 말린 태양초 고추와 국산마늘, 생강을 직접 빻아 사용하는 등 좋은 재료를 푸짐히 넣고 만들었더니 맛있다는 소문이 금세 퍼졌다. 가게 앞이 장사진을 이루었다. 그런데 때마침 IMF가 터졌다. 식당 인근의 회사들이 줄줄이 도산하는 바람에 손님의 발길이 하루아침에 뚝 끊겼다. 빚만 잔뜩 짊어졌다. 내 손에 남은 것이라곤 아들의 가녀린 손밖에 없었다.

식당업을 하면서 나는 사업이 내 적성에 맞는다는 사실을 어느 정도 알았다. 뭐든 적극적으로 새로운 방식으로 해나가는 성향이 사업하는 데 유리했다. 반상회나 아파트를 돌면서 음식 시식의 기회를 만들었고, 매운 걸 못 먹는 어린이 고객을 위해 돈가스 메뉴를 개발했다. 아이 때문에 편하게 밥을 못 먹는 엄마를 위해 우리 애가 타던 그네와 미끄럼틀을 갖다 놓고 어린이 놀이방을 만들었다. 당시로는 식당 놀이방이란 걸 찾아볼 수 없던 시절이었다. 집에 온 손님에게 대접하고 싶다는 고객에게는 직접 배달도 해주었다.

여러모로 시운이 따라주지 않아 식당은 망했지만 그 과정에서 세 가지 교훈을 얻었다. 첫째, 모르는 일에 함부로 뛰어들지 말 것. 둘째, 자금능력 이상으로 무리하게 확장하지 말 것(내 자금이 최소한 60~70%는 되어야 한다.). 셋째, 하려고 했으면 끝까지 최선을 다할 것. 훗날 사업을 위해 비싼 수업료를 내고 배운 가르침들이다.

식당을 접고 나니 그야말로 죽고 싶은 심정이었다. 부산 달맞이길을 차 타고 지나면서 저 아래 바다에 빠져버리고 싶다, 상상한 적도 있었다. 혹시 죽지 않고 불구가 되면 어쩌나, 나만 죽고 아이는 살면 어쩌나 별의별 상상을 다했다. 그때 어느 식당 벽에 걸린 시 한 편이 눈에 띄었다.

반갑고 고맙고 기쁘다.

앉은 자리가 꽃자리니라!

네가 시방 가시방석처럼 여기는

너의 앉은 그 자리가

바로 꽃자리니라.

반갑고 고맙고 기쁘다.

더 살고 싶은 생각이 컸던 모양이다. 그렇지 않고는 저 구절들이 가슴을 칠 리가 없지 않은가. 나는 아직 건강하고 뭐든 할 수 있으니 비록 지금은 가시방석처럼 아프지만 앞으로 이 자리를 꽃자리로 여길 날이 반드시 올 거라고 믿었다.

하지만 상황이 급박하니까 무얼 새로 배울 여유가 없었다. 무엇을 하든 이미 쌓아놓은 능력을 최대한 발휘할 수 있는 일을 찾고 싶었다. 내가 할 줄 아는 일본어를 활용하여 일본과 관련된 일을 하는 것이 효율적일 것 같았다. 낯선 분야에 도전하기에는 경제상황도 나빴고, 나도 오랜 시간을 투자하기 어려운 처지였다.

취직은 엄두도 못 냈다. 아이를 돌봐주는 시설도 별로 없던 시절이다. 33살에 애까지 있는 나를 누가 써줄 것인가. 나 혼자 할 수 있는 일을 찾아야 했다. 빈털터리였지만 원래 무역을 했으니 그 쪽으로 나가보자고 마음먹었다. 아이를 동생 집에 맡겨두고 마침 유행하던 일본 보따리 장사 대열에 합류했다. 시청에서 보따리 무역에 대한 연수를 받고 뱃삯을 빌려 여러 차례 따라다니며 돈을 조금 벌기도 했다. 그러나 비전이 보이지 않았다.

그때 배 안에서 아줌마 한 분을 우연히 만났다. 일본에 시집 간 그 아줌마는 자기 딸이 나랑 동갑이라며 도와주고 싶다고 했다. 대화를 나누던 중 일본에 과일을 수출해보면 어떻겠느냐고 조언했다. 일본에 아는 사람이 복숭아를 사고 싶어 한다며 다리를 놓아주겠다고 했다.

'과일? 수출?'

그날 이후로 일본의 과일 시장을 조사했다. 친환경 농산물에 대한 일본인의 관심은 매우 높았다. 마침 시장 규모도 커지고 있었다. 낯선 분야였지만 나쁜 선택 같지 않았고 도전해보고 싶은 마음이 들었다. 그야말로 우연한 순간에 과일 사업에 뛰어들게 된 것이다.

한국농수산물 유통공사에서 소식지를 받아보면서 과일 무역에 관한 연구를 시작했다. 까다로운 일본 소비자들의 눈높이를 맞추기 위해서 알아야 할 것들이 많았다. 청도에 친척 아저씨 한 분이 계셔서 그때부터 복숭아에 대해 공부하고 일본 무역 절차를 알아본 다음 복숭아를 수입하고 싶다는 후쿠오카 사람을 찾아갔다.

그런데 난관에 부딪쳤다. 후쿠오카 그 사람의 관심사는 딸기였다. 만나면 이것부터 말해야지 하고 벼르고 있던 복숭아 얘기는 한마디도 꺼내지 못했다. 막막했다.

한국유통공사 일본지사에 전화를 걸어 사정을 설명했다. 전화 너머로 유통공사 직원의 답변이 돌아왔다.

"제가 이런 전화를 수도 없이 받거든요. 그런데 질문이나 요구조건이 좀 다르시네요. 도쿄 무역상이 있습니다. 그곳을 소개시켜드리죠."

하지만 소개만으로 될 일은 없는 것 같다. 나는 미리 구입해둔 복숭아 창방조생 품종을 들고 협상을 벌였는데 하필 그게 일본에서는 벌써 없어진 품종이었다. 판로가 막혔다. 앉은 자리에서 2천만 원어치의 복숭아를 폐기할 수밖에 없었다. 다시 유통공사에 전화를 걸었다. 직원은 미안한지 이번에는 세븐일레븐 본사인 이토 요가토를 소개시켜주었다.

이토 요가토를 뚫다

그때가 1999년이었다. 나는 일본 최대 유통회사인 이토 요가토와 거래를 텄다. 나중에 안 사실이지만 이토 요가토만 뚫으면 나머지는 저절로 다 뚫린다고 할 정도로 이곳의 품질 심사는 까다롭기로 유명했다. 신용이 뒷받침되지 않으면 절대로 넘을 수 없는 산이었다. 이토 요가토에 물건을 댄다고 하니 일본의 다른 업체에서도 믿고 주문을 주었다. 본격적으로 일본 무역이 시작되었다.

나의 최대 약점은 자금력이었고, 나의 최대 강점은 튼튼한 육체와 성실한 마음이었다. 여유 자금이 없었기 때문에 클레임이 걸리면 끝이라는 생각으로 배수진을 치고 일본인이 원하는 품질에 맞추기 위해 노력했다. 당연히 농가에게 잔소리가 늘었다. 농약은 어떻게 쳤느냐, 병은 제대로 버렸느냐, 농약창고 관리는 잘하고 있느냐 입만 열면 잔소리가 시작되었다. 하지만 그게 농가도 살고 나도 사는 유일한 길임을 나는 직감적으로 알고 있었다.

일본에 농산물을 수출하려면 반드시 재배이력서를 작성해야 한다. 농산물이 어떤 과정을 거쳐 생산되었는지 세세히 적어야 한다. 농약 종류, 농약 뿌린 시기, 기준치 달성 여부, 농약병 관리 여부 등 항목은 세부적으로 나뉘어 있었다. 일본인들의 철저한 관리 방식은 늘 감탄사를 나오게 했다. 이게 소비자로 하여금 생산자를 믿도록 만드는 원천이었다.

새삼 서류 작성의 중요성을 깨달았다. 일본 무역회사에서 근무할 당시에는 일이었기 때문에 별 생각이 없었지만 책임을 지는 위치에서 보니 서류 작성은 매우 중요한 근거가 되었다. 서류 작성은 우리 농가에 취약한 부분이다. 재배이력서, 상담내용, 출장보고서 등의 서류를 마음에 들게 작성해주니까 일본 거래처와 우리나라 공무원들이 모두 일하기 편하다고 피드백을 주었다. 서류 작성은 품이 드는 일 같지만 쓸데없는 의심과 확인 작업을 불필요하게 만들기 때문에 오히려 업무 속도를 높였다.

첫 거래일이 임박했다. 일본의 대형 마트에서 복숭아 300박스 주문이 떨어졌다. 일본인은 돌다리도 두드리고 건너는 사람들이다. 처음부터 대량주문을 하지 않았다. 우선 맛보기로 조금 수입해서 반응을 살핀 다음 주문 물량을 늘리는 방식이 일반적이었다. 달리 말해 첫 거래의 성패가 이후를 좌우한다는 말이다.

물건 고르는 일, 포장하는 일, 제품 구성까지 꼼꼼히 체크했다. 여자라서 좋은 점도 있는데 소비자 트렌드와 기호를 파악하는 데 유리하기 때문이다. 상품을 개발하고 바이어와 상담할 때도 여성 특유의 섬세함으로 상대가 놓치고 있는 부분까지 짚어가며 이야기를 주도적으로 끌고 갈 수 있었다. 아줌마 소비자들이 물건을 고를 때의 마음을 읽어 제품 구성에 활용했다.

일본 마트에서 처음 판매를 시작할 때도 일본 아줌마들을 불러 복숭아를 맛보게 했다. 그냥 눈으로 보는 것과 직접 맛을 보는 것은 고객의 마음을 움직이는 효과에 있어서 하늘과 땅 차이다. 머뭇거리던 사람들도 맛을 보고 나면 생각이 바뀐다. 살까 말까의 경계선에서 망설이는 사람을 설득하는 가장 좋은 방법은 의심을 덜어주고 최종 선택을 하도록 유도하는 것이다. 그게 시식이다.

주부 입장이니 그들이 무얼 원하는지 잘 알고 용량도 먹을 만큼만 담았다. 바로 먹을 완숙 과일과 며칠 두고 먹을 과일을 안배하여 포장도 따로 했다. 다행히 복숭아의 인기가 높아서 주문한 양이 동이 났다. 곧이어 대량주문이 시작되었다. 드디어 정규 거래선이 된 것이다. 세상을 다 가진 기분이었다. 태풍 매미가 휩쓸고 지나가 복숭아 농사를 망치기 전까지는 한눈 한 번 팔지 않고 죽도록 일만 했다.

상대는 당신이 낙담하여 쓰러지기를 기다린다

오르막이 있으면 내리막이 있듯이 일이 잘되다보면 어느 순간 반드시 위기가 찾아온다. 사람이 일을 잘못해서 생기기도 하지만 농사의 경우는 자연재해일 때도 많다. 자연재해는 보험에서도 예외규정이 있을 정도로 인간이 어찌할 수 없는 재앙이다.

복숭아 수출이 한창 상승세를 그리고 있을 때 예상치 못한 상황이 발생했다. 태풍 매미가 불어 닥치며 안 그래도 날씨에 민감한 과일인 복숭아에 제 맛이 들지 않았다. 그렇다고 일본 거래처에 태풍 핑계를 댈 수도 없는 노릇이었다. 클레임을 피할 수 없었다.

2000년에 300박스였던 복숭아 물량이 2001년에는 150톤으로 늘었으나 태풍 피해로 2톤밖에 수출하지 못했다. 15박스를 비행기로 싣고 가서 미안하다고 사과할 수밖에 없었다. 그쪽에서는 어떻게 태풍이 분다고 과일농사를 망치느냐며 이해할 수 없다는 표정을 지었다. 당시 나는 과일에 대해 잘 모를 때라 그들이 우리 상황을 너무 모른다고만 생각했다.

나중에 농가를 발굴하고 함께 연구하다 보니 제대로 재배한 과일은 태풍에도 쉽게 떨어지지 않았다. 딸 때 줄기에서 딱 소리가 날 만큼 단단하니까 끈질기게 버티는 것이다. 과일의 품질은 기상이 악화될 때 확실히 드러난다. 좋은 과일은 A급 태풍이 불어와도 잘 떨어지지 않는다.

설상가상 잘 쌓아놓은 과일상자가 컨테이너 안에서 무너져 과일이 못 쓰게 되는 경우도 있었다. 사업 초기라서 자금도 없고 모든 것이 서툴던 시기였다. 정말 죽으라는 말인가 보다 싶었다. 이렇게 허망할 수는 없었다. 눈물이 앞을 가렸다. 그날 집으로 돌아오며 '당장 하늘이 무너지는 것은 아니니 내일 일은 내일 생각하자' 마음먹었다. 저녁밥 잘 먹고 노래방 가서 실컷 노래를 불렀다. 집에 들어와 씻고 마음 편히 푹 잤다. 내일 해결하기로 했는데 오늘 뭐 하러 마음을 졸이냐는 배짱이 생겼다.

다음날 일본에 전화를 걸어 거래를 알선해준 공무원에게 사정을 설명하고 여기저기 자금도 알아봤다. 일본 측에서도 너무 큰 타격이라 내가 이대로 주저앉을 줄 알고 딱하게 여겼다. 나는 엉킨 실을 풀듯 급한 자금을 동원하고 문제를 하나하나 풀어나갔다. 지금에야 여유 있고 편안하게 얘기할 수 있지만 그때는 하늘이 무너지는 것 같았다.

결과적으로는 전화위복의 사건이 되어 일본거래처와 관계 공무원은 나를 더 신뢰하고 지원하게 되었다. 오히려 일본바이어가 2천만 원을 빌려주었다. 그 사람들은 내가 그쯤에서 낙심하고 포기할 줄 알았다고 했다. 사업가로서의 투지와 끝까지 포기하지 않는 결기를 높이 평가받아 그 후로 내가 하는 일이면 뭐든 믿고 적극적으로 도와주었다.

대만에서의 클레임도 정말 예상치 못한 데서 발생했다. 대만도 일본이나 우리나라처럼 추석이나 설날 같은 명절이 크고 중요한 연중행사다. 그때에 맞춰 복숭아를 수출했는데 선적에 문제가 생겨 제때에 도착하지 못했다. 명절 전에 도착해야 명절 특수에 맞춰 판매를 할 텐데 명절 당일에 도착하게 되었다. 명절 장사를 다 망치게 생졌으니 클레임을 걸지 않을 수 없었다.

사소한 분쟁도 한 번 겪으면 기운이 빠지는데 이 일은 잽이 아니라 마음먹고 휘두른 훅이었다. 그래도 나는 일어섰다. 위기는 극복하라고 생기는 것이다. 굳이 '위즉기(危卽機)'라는 말을 갖다 붙이지 않더라도 위기가 닥치니 오기가 발동한다. 열심히 했는데 이런 일이 생겼으니 더 잘하라는 하늘의 계시라고 생각하고 전의를 다졌다. 다행히 상황을 잘 넘기고 이렇게 옛날 일처럼 말할 수 있는 때가 왔으니 얼마나 감사한 일인지 모른다.

내 이름의 값어치는 얼마인가?

시장은 되풀이되지 않는다. 고객은 늘 변한다. 삶은 그래서 한 번 뿐이다. 오늘 성공이 내일로 이어지지 않고, 어제의 경력이 내일의 일에 보탬이 되지 않는다. 그래서 모든 일이 처음이고, 그래서 지금 하고 있는 일은 누구에게나 버겁다.

막상 무역 상사를 시작하기는 했는데 어디로 어떻게 가야 하는지, 무엇부터 해야 하는지 감을 잡을 수 없었다. 대개 첫 단추 꿰기가 어렵지, 한 번 단추를 꿰고 나면 다음부터는 연달아 이어지는 일들로 정신을 못 차리게 된다. 시작이 반이라고 하는데 그 말은 첫 단추를 뀄 때 이미 도착할 곳이 정해져 있다는 말이다. 당신은 빨주노초파남보 가운데 어떤 색깔 단추를 고를 것인가. 다시 말해 하나의 단추를 선택했을 때 그 끝에 무엇이 기다린다고 생각하는가.

나는 이 일의 최종 목표를 '명예'라고 생각했다. 조금 생뚱 맞을 수 있다. 그러면 명예 대신 신뢰라고 하면 어떨까? 내 이름 혹은 우리 회사 이름 하나면 누구든 믿고 맡길 수 있다면 그것이 곧 명예요, 신뢰다. 무역의 세계에서는 신뢰가 전부인데 신뢰란 결국 이름값이다. 나의 이름에 매겨진 그 값이 내 사업의 규모를 결정짓는다. 이익은 내 목표가 아니었다. 이익은 명예에 이르기 위한 계단이자 연료일 뿐이었다.

나는 개인의 명예를 위한 일을 하고 싶지 않았다. 그래서 누구의 명예를 지킬 것인가 하는 질문에 국가의 명예까지 고민하게 되었다. 그게 국가 간의 거래, 즉 무역의 본질이 아닐까 싶었다. 외국과 거래할 때 좋은 품질로 승부하는 것이 작게는 내 이름에 가치를 부여하고 크게는 국가브랜드를 높인다. 나의 작은 판단 하나는 국가의 이미지를 만드는 데 영향을 끼치고, 반대로 국가의 이미지는 내가 하는 일에 영향을 끼친다. 그렇게 형성된 이미지가 사업을 좋게도 나쁘게도 끌고 간다. 이게 내가 세상과 사업을 바라보는 프레임이었다.

물론 나는 이 일에서 초보였다. 과감하게 사업에는 뛰어들었지만 경영에 대해서는 아는 게 없었다. 문제 하나만 불거져도 여기저기 물어가며 풀었다. 수출 업무를 보면서도, 과일 산지에 가서도 나는 묻고 또 물었다. 전문가를 만날 때는 얼마나 반가웠던지 메모해 둔 적도 없는 질문이 봇물 터지듯 나오기도 했다. 하지만 두 손만은 늘 단정하게 모았다. 묻는 사람이 자세를 갖췄을 때 진심 어린 답변이 돌아오기 마련이다.

겸손한 태도는 비즈니스에서도 긍정적으로 작용하는 것 같다. 있는 척 폼을 잡으려고 할 때는 문외한인 게 감춰야 할 약점이지만 '모르겠습니다, 가르쳐 주십시오'의 자세가 되니 모르는 게 도리어 강점이 된다. 어설프게 안다고 생각하고 밀어붙여서 시행착오를 겪는 것보다 묻고 또 물으며 그들의 노하우를 전수받는 게 100배 나았다. 물론 인생의 바닥을 기고 있던 시기라 더 낮아질 것도 없기는 했지만 말이다.

찾아보니 농사와 농산물 무역을 돕는 기관도 많았다. 절박함은 칼보다 용감한 것 같다. 상대의 시간이 허락하는 한 무조건 찾아갔다. 정부기관에서 개최하는 각종 세미나에 참석해서 교수님들과 공무원들에게 질문을 드리며 내가 모르는 점을 해결해갔다.

질문을 해보면 알겠지만 아무것도 모를 때는 질문이 나오지 않는다. 그래도 답답하니 엉터리 질문을 던지게 된다. 나의 어이없는 질문에 기막혀 하시던 분들도 있었다. 하지만 내 표정은 늘 진지했다. 문제에 대한 감을 잡지 못했을 때도 경청하고 되물으며 서서히 본질에 접근해가면 그들은 '이 사람이 진심이구나' 하고 성실히 답변해주었다. 그 과정이 없었다면 과일유통업체 썸머힐 상사는 세상 밖으로 나아가지 못했을 것이다.

배움이란 콩나물시루와 같다

처음부터 아는 것이 별로 없는 분야에 도전했기 때문에 아주 기본적인 것도 궁금하면 질문해서 배울 수밖에 없다. 실제적이고 꼭 필요한 것들을 물어서 하나하나 배워간다. 궁금한 게 많다보니 새로운 것을 자꾸 만들어내서 직접 해보게 된다.

'복숭아를 어떻게 수출할 수 있을까?'

'컨테이너의 온도는 몇 도로 할까?'

'친환경은 기본이고 맛이 좋은 과일을 판매할 수는 없을까?'

선례가 없기 때문에 전문가와 같이 연구해본다. 배운 것이 없으니 실수를 하지 않으려면 묻는 수밖에 없다. 농산물유통공사의 도움으로 관련분야 세미나에도 부지기수로 참가했다. 도와주는 관계기관은 찾아보면 많다. 수확물관리협회에서 받은 도움도 컸다. 식품영양학과나 농학과의 교수님들도 든든한 멘토 역할을 해주셨다.

한번은 농사 연수를 받다가 복숭아 수출에 적합한 컨테이너 온도를 물은 적이 있었다. 당시 이 질문에 자리에 모인 전문가들이 입을 꾹 다물었다. 그때까지 이런 질문을 던진 사람도, 그런 내용이 필요하다고 생각한 사람도 없었기 때문에 연구의 필요성을 느끼지 못했던 것이다. 공식석상에서의 이 느닷없고 엉뚱한 질문에 그 분이 얼마나 당황했겠는가. 돌아보면 정말 민망한 일이었다.

무식하면 용감하다고 나는 그저 몰라서 물었을 뿐인데 황용수 교수님은 제대로 대답해주지 못해서 미안하다며 그때부터 연구를 시작했다. 실험 결과, 최적온도가 12도로 나왔다고 알려주었다. 12도보다 낮으면 맛이 떨어지고, 12도가 넘으면 복숭아가 금방 상한다. 12도에서 복숭아 맛이 변화가 없다는 걸 여러 실험을 거쳐 알아낸 것이다. 나 같이 답을 알려주면 바로 써먹는 사람이 있어야 연구자들이 쓸모 있는 연구를 했다는 보람을 느끼는 거라는 말씀으로 민망해하는 나를 위로해주었다.

가공과일을 개발하는 과정에서도 말리거나 발효시킬 때 과일이 어떻게 변화하는지, 영양이나 맛은 어떻게 달라지는지 매번 질문을 한다. 황 교수님이 이미 결과를 갖고 있는 사안이면 바로 알려주고 아직 연구를 하지 않은 건 실험을 거친 뒤 나중에 알려준다. 일종의 산학 협동이다. 산업현장에서 필요한 것과 연구소에서 하는 일이 서로 아귀가 맞으면 각자의 발전을 위해서 양쪽 다 도움이 된다.

흔히 하는 얘기로 창업 CEO들의 특징이 몇 가지 있다. 첫째, 묻지 않는다. 둘째, 남의 말을 안 듣는다. 매사에 작은 것도 물어서 처리하는 나로서는 좀 의아한 얘기였다. 남에게 묻는다는 건 전진하려는 의지가 있다는 뜻이 아닌가.

내가 이 세상에서 일어나는 일들이나 지식을 다 알 수 없으니 당연히 잘 아는 사람에게 물을 수밖에 없다. 물어서 새로이 알게 된 것은 즉시 실행한다. 실행 후 그 결과물을 보고, 다음 일을 할 수 있는 힘을 얻거나 실패했을 경우 자기반성의 계기로 삼는다.

이번 주는 무엇을 할까. 어떤 변화가 필요한가. 늘 생각하고 매주 같은 프로세스를 밟다보니 한 뼘일망정 조금 성장한 나를 발견한다. 그리고 한 뼘의 차이가 쌓이고 쌓여 질적인 변화를 맞이하는데 이것이 삶을 역동적으로 만드는 힘이라고 믿는다.

모르면 물어라. 답은 없는 게 아니라 못 찾는 것이다. 의문점을 갖고서 현장을 보면 새삼스럽게 눈에 들어오는 것들이 있고 사물을 보더라도 더 자세히 보게 된다. 전문가는 곳곳에 있다. 그들은 나를 이끌어줄 징검다리다. 그렇게 한 계단씩 쌓아 올라갈 때 진짜 앎이 되고 재산이 된다.

배움이란 마치 콩나물시루와 같다. 콩나물에 물을 주면 물은 시루 아래로 빠져나간다. 겉보기에는 그냥 물이 새버리는 것 같지만 어느새 콩나물은 무럭무럭 자란다.

불가능한 일과 어려운 일은 다르다

사업이 커지고 새로운 업무가 생길 때 그 일을 담당해야 할 사람은 직원이다. 내가 아무리 멋진 청사진을 갖고 일을 진척시켜 나가고 싶어도 직원들의 지원과 분투가 없으면 그림의 떡에 지나지 않는다. 사람을 잘 쓰는 것이 그래서 중요하다.

인사(人事)가 만사(萬事)라는 말이 있듯이 사람 하나 잘 쓰고 못 쓰고는 일의 성패와 직접적인 관련이 있다. 어려운 일도 문제의 핵심을 찾아내 매끄럽게 해결하는 직원이 있다면 아무 문제가 없다. 작은 일일지라도 쩔쩔매고 포인트를 잡아내지 못하면 큰 위기를 초래

할 수 있다. 그동안 여러 직원과 함께 일하면서 느낀 점이 많다.

"유능한 사람은 핑계를 대지 않는다."

회사를 경영하면서 내린 결론이다. 똑같은 상황에서도 일 잘하는 사람과 그렇지 않은 사람의 특징에는 큰 차이가 있었다. 접근방식부터가 달랐다. 일을 못하는 사람일수록 핑계가 많다. 현시점에서 철저히 조사해보지도 않고 선입견만 갖고 안 된다는 생각부터 한다. 그 점이 나와 잘 맞지 않았다.

"나를 설득해 달라!"

직원들에게 자주 하는 말이다. 고용인과 피고용자, 약자와 강자, 갑과 을의 관계를 떠나서 내가 가진 카드로 상대를 얼마나 잘 설득하고 이끌어낼 수 있느냐, 늘 고민해야 한다. 내가 납득할 수 있는 이유라면 얼마든지 받아들일 수 있다. 다 같이 좋자고 하는 제안인데 거부할 이유가 없다. 아울러 나는 세 가지가 중요하다고 거듭 강조한다.

"품질을 유지할 것, 약속을 꼭 지킬 것, 더 나은 방식을 개발할 것."

일을 안 하려고 하면 이유는 얼마든지 찾을 수 있다. 그런데 하려고 하는 이유는 딱 한 가지다. 되든 안 되든 한번 도전해보고 싶은 것이다. 나는 안 된다는 말을 들으면 '글쎄, 진짜 그럴까? 한번 해보자.'는 생각을 먼저 한다. 어려운 일일수록 도전하고 싶은 의욕이 샘솟는다. 의욕이 생기는 순간 뇌는 재빨리 가동하여 평소보다 훨씬 머리 회전이 잘된다. 쓰면 쓸수록 말을 잘 듣는 게 머리라는 건 써본 사람이라면 잘 알 것이다.

실제로도 세상에는 안 되는 일보다 되는 일이 훨씬 더 많다. 안 된다는 생각은 어렵다는 선입견 때문에 생긴 것이지 대개는 몇 가지 해법을 마련하면 다 풀리는 일들이다. '생각하기 귀찮다, 그냥 하던 대로 하자' 그렇게 생각을 멈추는 순간 뇌도 회전 속도가 느려진다.

농민을 설득하는 일, 물론 쉽지 않다. 각자 자기 농장을 갖고 있고 혼자서 모든 일을 처리하는 것에 익숙해진 농민을 설득해서 프로젝트를 이루려면 보통 골머리를 앓는 게 아니다. 하지만 그건 어려운 것이지 불가능한 것은 아니다.

시간이 걸리더라도 내 입장과 농산물 거래 시장에 대한 설명을 충분히 한 후 앞으로 나아갈 바를 알려주면 된다. 당장은 '예스'를 하지 않더라고 그건 당연히 발생할 수 있는 결과 중 하나다. 시도한 모든 일이 성공하는 경우란 이 세상에 존재하지 않는다. 언제나 가능성은 50:50이라는 사실을 잊지 말자.

한 가지 어려운 일을 극복하고 나면 그때부터는 겁나는 게 없고 뭐든 쉽게 느껴진다. 이때 생긴 자신감만큼 큰 저력도 없다. 그래서 직원이 안 된다는 말을 하면 다시 한 번 생각하고 고민한 뒤 얘기해 보자고 한다. 안 하겠다고 마음먹고 핑계를 대자면 끝이 없다.

"핑계대지 말자. 되게 하는 법을 찾자."

어려운 일 앞에서 일단 이렇게 마음을 먹는다. 그래야 해볼 의욕이 생긴다. 안 되는 일을 해보고 싶겠는가. 된다고 생각해야 빛이 보이고 궁리가 생기고 길이 열린다.

남들의 성공 방정식이 나에게 통하란 법은 없다

다른 모든 일과 마찬가지로 사업을 하는 것에도 나름대로 자신에게 맞는 여러 방식이 있을 것이다. 나 역시 시행착오를 겪고 많은 우여곡절을 넘어서야 했지만 언제나 정공법을 택했다. 이미 만들어진 시스템에 편승하는 것보다 내가 새로운 것을 찾아서 모험하는 쪽을 선택했다. 스스로 만든, 남과 다른 나만의 방식으로 접근해서 사업을 개척하는 것이 훨씬 더 보람 있고 내 성향과도 맞았다.

하루아침에 축조되는 성은 없다. 만리장성 쌓듯 서서히 이룩한 농가와의 신뢰와, 요령보다는 새로운 것 찾기에 익숙해진 나의 습성이 만나서 큰 시너지 효과를 거두었다. 그렇게 서로에게 이롭고 공존이 가능하다는 상생의 마인드가 길러졌다. 수시로 갈등을 겪으면서도 내가 한결같은 모습을 보여주니까 농가도 나를 믿어주었고, 나 역시 힘들어하면서도 내가 요구하는 기준을 맞춰주는 농가가 고마웠다.

비온 뒤에 땅이 굳듯 재배농가와 나는 어려움을 이겨내면서 더욱 공고한 신뢰의 끈으로 묶이게 되었다. 그들은 내가 어떤 일을 시작하든 무조건 믿고 지지해주기에 이르렀다. 나 또한 농가가 생산하는 과일의 품질을 믿고 무엇이든 도전해볼 수 있었다.

신뢰를 비즈니스의 토대로 삼게 되면 우리는 두 가지 큰 문제에 부딪친다. 신뢰는 쌓기 어렵다는 점이 하나요, 결과를 얻기까지 시간이 많이 걸린다는 게 또 하나다. 빨리 성과를 얻으려는 조급증 때문에 보통은 무역회사에서 배워온 지식과 기존의 거래처에 토대를 두고 무역회사를 차린다. 하지만 나는 늘 새로운 거래처를 개척했다.

거래처를 새로 개척하는 것은 아주 힘든 일이다. 그렇지만 여기에는 그만큼의 보상과 장점이 따른다. 첫째, 개척하는 동안 사업에서 일어날 수 있는 많은 일들을 직접 겪고 배울 수 있다. 사업노하우를 터득하는 것이다. 둘째, 나 스스로 개척한 거래처들이기 때문에 신뢰나 애착이 남다르다. 거기다 사업에 자신이 붙으면서 추진력이 생긴다.

사업이 뭔지 알 것 같은 순간이 찾아오면 내 마음은 이루 말할 수 없는 성취감을 느낀다. 기초를 튼튼히 한 뒤에 골조를 올리고 미장을 해야만 제대로 된 집을 얻을 수 있는 것이다. 지금도 어려운 상황에 부딪치면 이 고비를 넘기면 더 나아지겠지, 스스로를 믿는 마음이 먼저 생긴다. 이것이야말로 돈 주고도 살 수 없는 값진 자산이다.

신뢰는 전략이다

올프레쉬의 사훈으로 신뢰를 내건 이유가 불신을 경험했던 기억 때문일 거라고 생각했다면, 당신의 생각은 맞다. 그런 경험이 분명 작용했기 때문이다. 아울러 신뢰가 장기적인 안목에서 보다 유리한 비즈니스 전략이라는 것을 알게 되었기 때문이다. 사업하는 사람은 종종 이렇게 말한다.

"믿을 놈 하나도 없다. 아무도 믿지 마라. 자식도 믿지 마라."

이 말이 진심일 거라고는 생각하고 싶지 않지만 이런 말을 하게 만드는 상황이 실제로 자주 일어난다. 믿었던 거래처가 변심을 해서 내 경쟁업체와 거래를 한다거나 큰일을 맡겼던 직원이 무책임하게 회사를 떠난다거나…… 이런 일은 사업하는 사람이라면 종종 경험하는 일이다. 친했던 친구와 동업을 했다가 돈도 잃고 우정도 잃는 경우도 있다. 어떤 사람은 선친께서 '절대로 동업을 하지 말라'는 유언을 남겼다고 한다. 이유야 어떻든 믿었던 사람에게 속아서 상처받은 사람이 많다는 얘기요, 그래서 사람을 믿지 말라는 얘기가 회자되는 것 같다.

나는 신뢰 문제를 깊이 생각해본 적이 있다. 내 판단으로는 사람을 믿지 못하는 가장 큰 이유는 조급증 때문이다.

알맞은 때를 기다리지 않고 당장 이익이 되는 쪽으로 마음이 기우는 것이다. 길고 오랜 관계를 유지하는 것이 궁극적으로 사업에 이익이 될 거라고 생각했다면 순간의 이익을 위해 움직이지는 않았을 텐데 말이다.

요즘은 일본이나 유럽 등 산업구조가 안정적으로 자리 잡은 나라에서 경영을 공부하고 온 사람들이 경영 일선에 나서면서 변화가 일어나고 있다. 인맥이나 학맥을 이용한 거래선 확보에 대해 회의를 품게 되면서 품질과 거래처의 재무구조를 먼저 파악하고 내실 있는 회사와 거래를 하고자 하는 합리적인 경영방식을 도입하는 것이다.

영업 직원한테 접대를 하는 비용으로 직원의 복지에 투자한다. 여직원을 위한 탁아소 운영, 헬스장과 마음 놓고 쉴 수 있는 휴식 공간 확보에 지출하는 방향으로 나아간다. 시간이 걸리고 중간과정에서 여러 어려움이 있겠지만 품질만 좋다면 머지않아 거래처와 고객의 신뢰를 얻게 되고 그러면 경쟁에서 유리한 고지를 점할 수 있다.

술을 전혀 마시지 못하는 내가 사업을 하고 거래처와 영업 상담을 하고 사업을 키워나가는 것을 보면 무엇이 더 중요한 것인지 알 수 있으리라 믿는다. 이 방법이 시간이 더 걸린다는 점에서 불리하지만 신뢰의 내용만큼은 탄탄하다.

직원에게도 열심히 하면 그에 따르는 보상과 기회가 주어진다는 것을 확실히 인식시켜야 한다. 일은 내가 열심히 하는데 상사에게 아부하는 사람이 엉뚱하게 승진을 하고 새 업무에 투입된다면 어떻게 직원이 회사 일을 내 일처럼 하겠는가. 장기적으로 봤을 때 노력에 대한 공정한 대가만큼 큰 인센티브도 없다.

비즈니스의 시작과 끝은 신뢰다. 그게 아닐 때 우리는 '먹튀'라는 말을 쓰지 않는가. 먹고 튀었다는 말은 기대치를 채워주지 못했다는 뜻이고, 그래서 이름에 오명이 된다. 당신의 이름을 걸고 일하라.

그래도 부족하다 싶으면 당신 자녀의 이름을 걸고 일하라. 그게 신뢰의 토양이 된다.

자신을 지키는 힘

토끼의 생존전략

토끼 굴은 겉에서 보기에는 구멍이 하나밖에 없지만 안으로 들어가면 여기저기 구멍을 파두어서 어디에 숨었는지 도저히 찾을 수가 없다고 한다. 사냥꾼이 구멍 하나를 틀어막는다고 해도 다른 구멍으로 들락날락하며 숨바꼭질을 한다. 하나에 문제가 생기면 다른 것으로 대체할 수 있다는 얘기다. 아직 닥치지 않은 미래까지 대비하는 것이 토끼의 생존전략이다.

일은 하면 할수록 새록새록 할 일이 생긴다. 일의 보람과 재미를 느낀 사람은 항상 일을 찾아서 하기 때문이다. 그러다 보니 일중독자라는 말도 듣고 완벽주의자라는 욕 아닌 욕을 먹게 된다. 내가 거쳐 온 과정을 돌아보면 무슨 이런 일까지 다했을까 싶다가도 달리 생각하면 하나하나 아주 자연스러운 과정이었다.

선별장을 시작하게 된 계기는 너무 단순했다. 과일의 품질이 성에 안 차서 내가 직접 손을 걷어붙인 것이다. 컨테이너를 하나 빌려서 하다가 점점 규모가 커져 컨테이너를 세 개까지 늘렸다. 그러면서 나중에 제대로 된 선별장을 짓게 되었다. 처음부터 작정한 것이 아니라 물 흐르듯 일이 저절로 진행되었다.

농가에게 재배 교육을 하게 된 것도 애초부터 계획한 일은 아니었다. 품질을 향상시키려다보니까 농가를 직접 교육시키는 게 좋겠다는 생각에 이른 것이다. 뭐든 성에 차야 마음이 놓이고 허술하게 해서는 직성이 풀리지 않는 천성을 타고 났으니 생고생을 할 수밖에 없었다.

실험하우스를 운영하게 된 것도 농약이든 영양제든 전문가가 실험한 뒤 좋은 결과가 나온 것을 사용하는 편이 효과적일 것 같아서 시작한 일이다. 농가가 농약이나 비료 등을 직접 선택하여 농사를 짓게 되면 시행착오를 겪게 되고 그러면 비용 부담이 커진다. 만일 실험하우스를 통해 검증된 농약을 공동 구매하게 된다면 원가를 줄일 수 있다. 그런 판단 아래 현재 준비단계에 돌입한 상태다.

나는 처음부터 목적을 정하고 그것에 따라 움직이기보다 매순간 필요한 것을 찾아 최선을 다하는 방식으로 일을 했다. 그렇게 해서 회사가 차츰 발전해 나갔고 점차로 더 큰 일들을 해내는 단계까지 올라갔다. 수출을 시작한 것도 국내시장이 좁아서 수확물을 다 소화하기 어려울 경우를 대비하다보니 더 넓은 시장으로 고객을 확장하게 된 것이다.

올프레쉬를 창업한 이유도 비슷하다. 딸기를 납품했던 베이커리에서 구매량을 줄였기 때문에 다른 판로를 찾아야 했다. 내가 판매망이나 매장을 직접 운영해서 남는 물량을 소화해야 안정적인 순환구조를 가질 수 있을 것 같았다. 백화점 유통은 멀리 내다보는 신뢰보다 당장의 이익을 위해 움직이는 경향이 있어서 언제 거래량이 줄어들지 불안했다.

이렇게 하나둘 찾다 보니 우리 토끼 굴에는 구멍이 여러 개 생긴 것이다. 아마 토끼들도 그렇게 구멍을 하나씩 뚫은 것이 아닌지 모르겠다. 무작정 많이 뚫기만 한다면 굴 자체가 무너질 수도 있지만 상황에 따라 필요에 따라 하나씩 뚫어가니 자연스럽게 흙더미를 튼

튼하게 유지하면서도 변하는 상황에 맞게 들락날락할 수 있는 굴이 생긴 것 같다.

신뢰라는 오른발과 겸손이라는 왼발로

올프레쉬의 사훈은 품질, 신뢰, 겸손이다. 처음 사업을 시작할 때도, 사업이 한창 번창할 때도 나는 신뢰할 수 있는 회사를 만들자는 목표를 잊은 적이 없었다. 어떻게 하면 소비자가 우리 회사를 신뢰할까? 그건 초발심(처음에 일으킨 생각)을 계속 이어가는 길밖에 없고, 그러기 위해서는 겸손해야 한다고 믿었다.

내가 계획한 대로 일이 잘 진행되었다고 해서 자만하고, 나에게 도움 준 사람들의 은혜와 지원을 잊는다면 현재까지 쌓아올린 것이 언제 무너질지 모른다. 고마움을 잊지 않고 좋은 관계를 유지하는 건 큰 자산이고, 언제 닥칠지 모를 위기를 대비하는 든든한 지지대다.

이 사훈은 경험에서 얻은 살아 있는 지혜다. 신뢰와 겸손이라고 사훈을 정한 데는 사업 규모가 커지고 일이 바쁠수록 초심을 절대로 잊지 말자는 다짐도 있다.

바쁘다는 뜻의 한자, 망(忙)을 보면 마음이 죽는다는 모양을 하고 있다. 바쁘면 마음은 없어진다. 항상 이 점을 염두에 두고 시간 관리를 해야 한다. 무조건 바쁘다고 생산성이 높아지는 것도 아니고 성과가 좋은 것도 아니다. 바쁜 만큼 잃는 것도 많다.

바쁠수록 잠깐 일을 멈추고 걸으면서 생각한다. 문제에서 조금 떨어져서 거리를 두고 생각해본다. 바쁜 일상 속에서 산책이나 목욕은 최선의 운동이자 명상의 시간이다. 몸도 건강해지고 마음도 가다듬고 스케줄도 한 템포 쉬어갈 수 있다. 산책하거나 목욕하는 시간을 명상하는 시간으로 삼아 하루 일을 돌아보고 더하고 뺄 것을 생각한다.

건강을 관리하는 것은 인생을 관리하는 일이다. 돈을 잃으면 조금 잃는 것이고, 명예를 잃으면 많이 잃는 것이고, 건강을 잃으면 전부를 잃는 것이라는 말이 살아갈수록 가슴에 와 닿는다. 일과 휴식, 식사와 잠, 생활 속의 잔잔한 기쁨들이 잘 균형 잡혀서 정신과 육체를 떠받쳐주어야 한다는 것을 잘 알고 있다. 내가 건강한 과일을 강조하는 이유도 나만큼 바쁘게 사는 현대인들의 건강을 염려하는 마음이 크다.

사람은 매뉴얼만으로 움직이는 기계가 아니다. 햇빛, 공기, 맑은 물, 잠, 휴식 속에서 생명은 숨 쉬고 산다. 인위적인 음식에 길들여지고 심지어 남용까지 하는 생활 속에서 건강한 마음과 몸이 생겨나기를 바라는 것은 욕심이다.

일상의 삶에 쫓기면 여유는 사라진다. 조금 더 긴 안목으로 삶을 바라보는 일이 쉽지는 않지만, 그래서 더더욱 필요한 게 느긋함이다. 여유를 갖기 힘드니까 여유를 가져야 한다고 말하는 것이다. 오른발을 디딘 후에 왼발이 따라가고, 그렇게 양발을 교차했을 때 넘어지지 않고 앞으로 갈 수 있듯이 신뢰라는 오른발과 겸손이라는 왼발을 번갈아 내디딜 때 여유를 되찾고 멀리 볼 수 있다고 나는 믿는다.

이 또한 지나가리라
- 위기 앞에서 숨 고르기

나이를 먹어가면서 갖게 되는 생각은, 시간은 금방 지나가버린다는 것이다. 눈앞이 캄캄한 위기도, 가슴이 설레는 기쁨도, 그때는 세상의 전부인 것 같지만 금방 지나간다. 솔로몬 왕이 오래 전에 벌써 비슷한 말을 남겼다.

"이 또한 지나가리라."

수없이 많은 사람들이 책이나 연설에서 인용하는 솔로몬 왕의 이 말은 우리를 깊이 생각게 만든다. 이 말이 나온 뒷이야기도 무척이나 흥미롭다.

어떤 사람이 솔로몬 왕에게 물었다.

"가장 행복한 순간을 살고 있는 사람과 가장 불행한 시기를 보내는 사람 모두에게 도움이 될 만한 충고를 해주십시오."

왕이 대답했다.

"이 또한 지나가리라."

무릎을 치게 되는 절묘한 말이다. 행복도 불행도 모두 지나간다. 행복할 때는 겸손하게 몸을 낮추고, 불행할 때는 심호흡을 하고 이 불행이 빨리 지나가길 기도해야 한다는 충고이다.

빠른 속도로 사업이 상승세를 탈 때는 정말 사는 맛이 나고 하루하루가 즐겁다. 하지만 야심차게 계획했던 일이 뜻대로 진행되지 않고, 심지어 삐걱거릴 때는 뭘 해도 힘이 들고 신명이 나지 않는다. 자신감은 풍선에 바람 빠지듯 자꾸 새나가고 그럴 때는 주위 사람들까지 문제를 일으켜 설상가상 상황은 악화된다. 마음을 졸이고 어깨는 무거워지면서 스트레스 지수는 올라간다.

"곧 나아질 거야. 이보다 더한 때도 있었어. 이것도 금방 다 지나가겠지."

스스로 최면을 걸며 나쁜 상황에 정신이 휘둘리지 않으려고 애쓴다. 일을 하는 것은 자기 안의 에너지를 끌어올려 가동시키는 것이기 때문에 과하면 불의 기운이 몸을 지배하게 된다. 그래서 열을 받는다느니, 혈압이 오른다느니 같은 말을 하는 것이다.

최근에 한의사에게 새로 배운 건강관리법은 여러모로 나에게 도움이 되었다. 일종의 목욕요법으로 온탕과 냉탕을 번갈아가면서 왔다 갔다 해서 몸의 순환을 돕는 것인데, 가슴 아래까지만 물에 담그고 다리로는 물속에서 스트레칭을 해준다.

매일 아침 목욕으로 하루를 시작하며 건강관리를 한다. 알게 모르게 우리의 몸과 마음은 줄이 당겨진 현악기처럼 늘 팽팽하게 긴장하고 있다. 심혈관계 질환의 원인이 되는 스트레스의 정체도 이 긴장과 관련이 있다. 물에 몸을 담그고 있으면 몸이 이완되는 것은 물론, 엄마 뱃속에서부터 친숙했던 물이라서 그런지 마음도 편안하고 느긋해진다.

몸속의 노폐물 배출을 도와서 여러 질병을 예방하고 몸을 가뿐하게 해준다는 본래 목적에다가, 물속에 몸을 담그고 있는 상태에서 느끼는 평온함이 정서적 안정까지 준다. 이때 많은 생각이 머릿속에 떠올랐다 사라지지만 그것은 마음을 부대끼게 하는 것이 아니라 차분하게 안정시킨다. 위로 치솟았던 흥분도 가라앉고 거리를 두고 사안을 바라볼 수 있는 마음의 여유가 생기는 것이다. 일상에서 맞이하는 '잠깐 멈춤!'의 순간이다.

귀는 장식품이 아니다

세상을 살아가는 데는 지혜와 더불어 지식도 필요하다. 나에게 닥치는 상황에 따라 그때마다 해결해야 할 방법을 찾으려면 삶에서 스스로 터득한 지혜와 세상 속에서 배운 지식이 있어야 한다. 머리를 써야 한다는 얘기다.

그 머리도 요즘은 단순히 지능지수인 IQ만을 가리키지는 않는다. 감성지수인 EQ, 창의력지수인 CQ를 넘어서 최근에는 NQ를 얘기하고 있다. 지능이나 감성, 창의력에 무엇을 더 보태야 할까? 바로 인간관계를 부드럽고 자연스럽게 형성할 수 있는 '관계지수'다.

앞의 세 가지를 갖추었다고 해도 인간관계가 나쁘고 사회성이 좋지 않으면 자기 능력을 충분히 발휘할 수 없다. 특히 사업가에게는 이 능력이 필수적이라고 할 만큼 중요하다. 사회적 지위가 높아질수록 많은 사람과 관계를 맺어야 하기 때문에 사회성은 절대적이다. NQ가 낮은 사람은 높은 지위에 오르기도 힘들지만 올랐다고 해도 유지하기가 어렵다.

인간관계 중에서도 특히 가족관계의 중요성은 아무리 강조해도 지나치지 않다. 가깝기 때문에 노력하지 않아도 된다고 생각하기 쉽고 저절로 되는 줄 알지만 실제로 개인의 삶에서 가장 큰 갈등을 일으키는 것이 바로 가족관계다. 오죽하면 공자가 수신제가 후에 치국평천하를 논했겠는가.

나는 농가를 방문하는 일이 많아서 특히 농사를 지을 때 가족 간의 화합이 얼마나 중요한지 피부로 느낄 때가 한두 번이 아니다. 맛도 좋고 보기도 좋은 딸기를 재배하던 농부가 어느 날 농사를 포기하는 일이 생겼다. 부부관계에 문제가 생긴 것이다. 농사는 특히 여자 손이 필요한 잔일이 많기 때문에 남자 혼자서는 도저히 해낼 수가 없다.

농부 혼자 이리 뛰고 저리 뛰고 하다가 결국은 농사를 포기하고 말았다. 그래서 나는 농가를 방문할 때 '아주머니가 정말 고생 많이 하시니 항상 잘해주세요'라고 늘 부탁한다. 농담처럼 한 말이지만 이만큼 진지한 조언도 없다. 농사의 뼈대는 가족관계라고 말할 정도로 가족의 도움이 절대적이다. 가족 구성원 각자가 손발이 척척 들어맞아서 말을 나누지 않아도 일의 빈틈을 메워 주어야 농사는 원활히 이루어진다.

겉보기에는 혼자 하는 것처럼 보이는 일조차도 자세히 들여다보면 수많은 사람의 손길이 필요하다. 이 책을 내는 일도 쓰는 사람, 교정보는 사람, 인쇄하는 사람, 서점에 내놓는 사람, 책을 읽는 사람 등 수많은 연결고리가 있다. 그러니 사람과의 소통이 막히면 얼마나 일이 어려워지겠는가.

NQ는 결국 소통 능력이다. 남의 말을 듣고 내 생각을 전달하는 능력이 있어야 관계를 이어갈 수 있다. 남의 말은 듣지 않고 제 말만 하는 사람을 흔히 만난다. 그런 사람은 누구도 상대하고 싶어 하지 않는다. 서점에 가보면 〈듣는 기술이 사람을 움직인다〉, 〈듣는 기술 말하는 기술〉 등 듣는 법에 대한 책이 여러 권 나와 있다. 이것만 봐도 대화에는 말하기보다 듣기가 우선한다는 걸 알 수 있다.

주변에서 이런 사람을 본 적이 있을 것이다. 얼굴도 못생기고 돈도 없고 볼품없는 한 남자가 이상하게 여자들한테 인기가 많다. 사람들이 대체 비결이 뭐냐고 물었지만 그는 빙그레 웃기만 하고 말을 하지 않았다. 자꾸 다그치자 자기도 잘 모르겠다며 고개를 갸웃거렸다. 자기는 그냥 여자들이 무슨 얘기를 하면 가만히 앉아서 듣고 고개만 끄덕거렸는데 여자들이 주변에 모여든다고 했다.

수긍이 가는 얘기다. 누구나 다 자기 얘기를 하고 싶어 한다. 인간의 표현 욕구는 식욕 못지않게 강렬한 욕망이다. 그런데 자기를 맘껏 표현할 수 있고 그 얘기를 들어주고 맞장구 쳐주는 사람이 있다면 누가 싫어하겠는가. 그깟 시시한 얘기는 왜 하느냐고 무시하지 않고 고개를 끄덕이며 들어준다는 것 자체가 마음이 넉넉하다는 뜻이다.

우리는 자고 나면 날마다 방송이나 신문이나 각종 서적에서 '소통'에 대해 귀가 닳도록 듣는다. 마치 엄청난 묘수라도 있는 것처럼 떠들지만 결국은 다른 사람의 입장에 서서 그 사람의 말을 들어주라는 것이다. 그 전제 없이 재미있고 소득 있는 대화가 오갈 수 없다.

내가 존중해주어야 남도 나를 존중해준다. 그때 건강한 관계가 생기고 거래도 오래 이어갈 수 있다. 한 가지만 실천해보자. 상대의 말이 끝날 때까지 눈을 맞추고 귀 기울여 들어주자. 그러고 나서 내 의견을 얘기하자.

이것 한 가지만 실천해도 관계는 확 달라진다. 마음이 통하면 많은 말이 필요 없다. 서로 편안하게 마음을 읽어내는 일은 인간관계에서 가장 아름다운 일이다. 그러기 위해서는 상대를 소중하게 여기고 존중하려는 마음을 가져야 한다.

농사를 함께 짓는 가족이든, 농사 정보를 주고받아야 하는 동료 농부든, 내 농산물을 팔아주는 유통업자든 내 이익만큼 상대의 이익과 관심사에 귀 기울여줄 수 있는 공감능력이 소통의 밑바탕이 된다. 그럴 때 비로소 장기적이고 지속적인 관계가 가능해지리라.

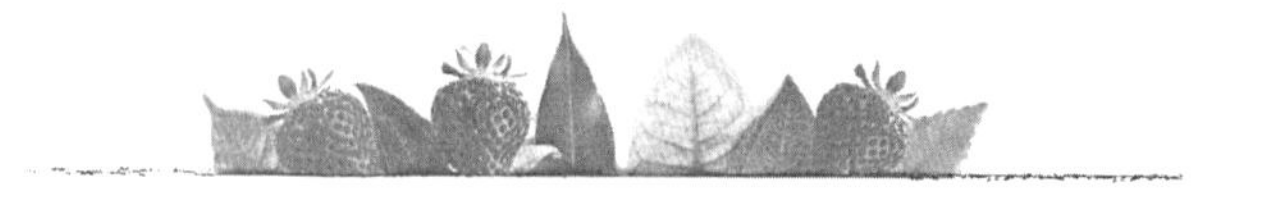

함께 가는 것도 전략이다

결정적인 순간 나를 도와준 분들이 없었다면 오늘의 나는 없었을 것이다. 아무리 유능한 사람일지라도 혼자 힘으로 모든 것을 다 할 수는 없다. 적재적소에서 도움의 손길, 지원과 지지의 마음이 보태져야 큰일의 성취가 가능하다.

내 경우는 정말 인복이 많아서 어려움에 빠졌을 때마다 도와주고 격려해주는 귀인들이 나타나 나를 일으켜 주었다. 그 분들의 이름을 일일이 대자면 끝도 없지만 여러 번에 걸쳐 지속적인 동반관계를 유지해온 분들에게는 이 자리를 빌려서라도 감사의 말씀을 드리고 싶다.

내가 처음 사업을 시작했을 때 아무것도 모르는 나를 믿고 거래하면서 여러 가지로 지원을 해준 농수산물유통공사 일본지사와 일본 마트의 바이어들에게 큰 빚을 졌다. 국적을 초월한 그들의 정신적인 지지가 없었다면 생판 모르는 과일 사업에 뛰어들 용기를 내지 못했을 것이고, 클레임 같은 큰 문제가 생겼을 때 좌절을 극복하지 못했을 것이다.

또한 농수산물유통공사 등 정부기관 공무원들의 고마움은 평생 잊지 못할 것이다. 농가들과 새로운 형태의 사업단을 구성하겠다고 했을 때 적극적인 지원과 협조를 아끼지 않은 화성시청 과장님, 최적의 딸기 산지로 적합한 산청에서 농업법인으로 자리 잡을 수 있도록 물심양면에서 도와주신 산청군청, 의회관계자 분들, 산청의 농가 분들은 지금까지도 든든한 조력자다. 농사에 대한 기술적인 도움을 주신 교수님들과 유통 전문가로 성장할 수 있도록 조언을 아끼지 않은 그 분야 전문가들에게는 일을 떠나 사회인으로서 배운 점이 참으로 많았다.

작은 회사가 발전해나갈 때는 무엇보다 직원들의 공로가 가장 크다. 매사에 지나칠 만큼 의욕적이고 모험심이 강한 나와 일하기 버거울 때도 많았을 텐데 꾹 참고 잘 따라준 직원들한테 마음속으로 늘 고맙다. 이 감사한 마음을 자주 표현해야 할 텐데 그렇지 못해서 또 미안하다. 회사가 커 나가면서 직원들과 내가 함께 성공하는 것으로 이 고마움을 갚고 싶다.

그리고 빼놓을 수 없는 소중한 존재가 올프레쉬 서포터들이다. 단골고객이 된 것만으로도 고마운데 안 보이는 곳에서 꼭 필요한 피드백과 조언, 지지를 보내니 얼마나 힘이 되는지 모른다. 가만히 되짚어보면 가장 큰 용기를 주는 것도 고객이요, 가장 큰 좌절을 안기는 것도 고객이다. 그래서 더욱더 고객의 마음을 살피고, 민첩하게 그들이 원하는 바를 실행하려고 마음먹을 수밖에 없다.

이 모든 나의 귀하고 귀한 지원군 뒤에는 누구보다 소중한 농가들이 버티고 있다. 좋은 과일 생산을 위해 농가가 몸과 마음을 바쳐 노력한 덕분에 내가 여기까지 왔음을 끝까지 잊지 않을 것이다. 내가 주장하는 거래방식이나 요구사항이 다른 거래처보다 복잡하고 특이해서 골치 아프고 힘들었을 텐데 믿고 따라줘서 자나 깨나 감사한 마음이다.

나 혼자 힘으로 할 수 있는 일은 아주 적다. 하지만 내 뒤에 혹은 옆에 선 누군가가 내 손을 잡아줄 때 내 힘은 두 배 세 배로 늘어난다. 무슨 일을 벌일 때도 '아, 그 사람들이 있으니까. 그 사람들이 나를 도와줄 테니까' 생각하면서 자신감을 얻는다. 내 성취의 절반, 아니 삼분의 이는 그들의 몫이다. 누군가 말했다.

'빨리 가려면 혼자 가라. 그러나 멀리 가려면 함께 가라.'

부록 1

여성 CEO에 도전하는 당신에게

스포츠 분야에서 한국 여성의 활약은 눈부시다. 국내 무대를 넘어 세계에서도 한국인의 기량을 자랑하고 있다. 피겨스케이팅의 김연아, 체조의 손연재, 골프의 박인비, 배구의 김연경, 역도의 장미란, 펜싱의 김지연, 스포츠 클라이밍의 김자연, 스피드스케이팅의 이상화 등 여자 운동선수들의 기량과 저력은 이미 널리 알려져 구미의 잡지 표지모델로 등장하기도 한다. 특히 이목이 집중되는 큰 무대에서도 떨지 않는 강인한 정신력과 집중력은 뭇 사람들의 찬사를 끌어낸다. 최근에는 스포츠뿐 아니라 예술, 정치, 법조계 심지어 군대까지 여성이 진출하며 능력을 뽐내고 있다. 그러나 아직 사회는 남성 중심으로 돌아가는 것도 사실이다. 앞길이 창창하고 꿈도 많고 능력도 출중한 많은 후배 여성들에게 몇 가지 조언을 주고 싶다. 사회경험을 통해 얻은 교훈이니만큼 조금이나마 도움이 되리라 생각한다.

1. 작은 일도 큰일처럼 처리하라

열 사람의 친구보다 한 사람의 적을 조심하라는 말이 있다. 좋은 감정은 그냥 흘러가지만 나쁜 감정은 맺혀서 오래 남는 법이다. 비록 사업상 어쩔 수 없는 상황이더라도 부정적인 일이 발생했으면 반드시 풀어서 그것이 마이너스 요인으로 작용하지 않도록 해야 한다. 적을 만들면 피곤한 일이 생기게 마련이고 소모적인 일에 에너지를 뺏기게 된다.

예를 들면 소비자의 불만사항을 소홀히 다루었을 경우 홈페이지에 악성댓글이 달리면서 기업 이미지를 나쁘게 만들 수도 있고, 인터넷에 불만사항을 퍼뜨려 더 큰 곤란을 겪게 할 수도 있다. 먹물 한 방울이 호수 전체를 흐리게 만들 수 있다는 사실을 늘 염두에 두어야 한다.

"작은 일도 큰일처럼 처리하라."

그렇다고 작은 일에 전전긍긍하라는 뜻은 아니다. 신경 써야 할 부분은 꼭 챙기고, 어차피 감수해야 할 일이라고 판단했으면 당장 해결하거나 과감하게 머릿속에서 삭제하는 자세도 필요하다. 내가 모르는 일로 내게 앙심을 품은 사람이 나타나면 그때 또 설득하면 된다. 평소에 내가 품고 있는 생각이나 믿음에 문제가 없다면 어려운 일이 아니다.

곰곰이 생각해보면 내가 힘들 때 적이 더 많이 생기는 것 같다. 일이 잘되고 몸도 편안하고 기분도 좋을 때는 남이 무슨 말을 하든, 어떤 일이 닥치든 유연하고 너그럽게 대처한다. 일은 꼬이고 몸도 아프고 신경은 곤두서 있을 때는 남의 행동에 민감해진다.

"저 사람이 나를 공격하려는 건 아닐까? 또 무슨 골치 아픈 일을 벌이려는 거지?"

의심하고 적대적인 행동을 보인다. 동물적인 본능이다. 그러니 주위 사람이나 거래처와 부드럽고 좋은 관계를 맺으려면 내 컨디션부터 관리해야 한다. 곡간에서 인심 나는 법이다. 내가 의욕이 있고 힘이 넘쳐야 남의 장점도 보이고 마음도 열린다.

인간관계를 좋게 하기 위해서 먼저 자기관리를 해야 한다는 점을 강조하고 싶다.

상대가 적으로 보이지 않게끔 나의 힘을 키워라.

두려움이 없으면 적도 없다.

사소한 습관이나 말투, 작은 실수를 가볍게 생각하지 말자. 타인에게 불편을 끼치고 기분 상하게 하는 것이라면 바로 고쳐야 한다.

비즈니스에서 사소한 일이란 없다. 작은 것 하나까지도 큰일이라는 생각을 갖고 임하라. 그게 진정한 프로페셔널이다.

2. "둔감력을 키워라"

나오키상을 수상한 일본의 유명한 작가 와타나베 준이치의 인생처세서 〈둔감력〉에 이런 말이 있다.

"거인은 둔감하다. 예민함과 순수함이 당신의 함정이다. 둔감하라. 당신의 재능이 '팍팍' 살아난다."

사소한 일에 에너지를 낭비하지 말고, 불필요한 일을 적당히 넘기고, 다른 일에 집중하는 것이 성공한 사람들의 특징이라고 말한다. 별 것 아닌 일을 별 것 아닌 일로 바라보고 그냥 넘길 수 있다면 정신을 해치는 나쁜 스트레스의 양은 줄고, 활력을 주는 좋은 스트레스는 늘어난다고 한다. 논어에 이런 말이 있다.

"먼 곳에 근심이 있는 사람은 가까운 일에 마음을 쓰지 않는 법이다."

작은 일을 큰일처럼 처리하라는 앞의 이야기와 상충하는 것처럼 보이지만 이건 전혀 다른 얘기다. 신경 쓸 일은 철저히 신경 쓰고, 그냥 넘길 일은 과감하게 잊어버리라는 뜻이다.

보통 성공의 조건으로 내거는 풍부한 아이디어, 빠른 학습능력, 예리한 분석력, 논리적인 사고와 막힘없는 화술을 꼽는 것과 사뭇

대조를 이루는 주장이다. 알맞은 둔감함의 힘을 믿고 남의 단점도 대충 봐 넘기고 나에 대한 무시도 눈 질끈 감고 넘어가라.

둔감함은 의연함을 낳고 타인의 공격에도 견뎌낼 수 있는 방어막을 형성해준다. 내가 그렇게 넉넉한 마음으로 넘어가는데 누가 나를 미워하겠으며 적으로 생각하겠는가.

둔감력은 사회생활에 필수적인 요소다. 상사가 욕을 해도 동료가 뒤에서 욕을 해도 한두 번은 허허 웃어넘겨라. 부하직원의 잘못도, 윗사람의 질책도, 가족의 잔소리와 실수도 대범하게 넘겨라. 특히 매사에 예민하고 섬세하기 쉬운 여자이기 때문에 더욱 둔감력을 키워야 한다.

둔감할 때 둔감할 수 있어야 균형감각을 갖고 이성적인 판단을 내릴 수 있다. 그게 잘 되지 않으면 신경질적이라거나 히스테리라는 평을 듣기 쉽다.

둔감하라는 말은, 알아야 할 것도 눈치 채지 못하는 경우를 말하는 것은 아니다. 내 에너지의 최대치를 활용할 수 있도록 소모를 줄이려면 갖추어야 할 내공의 하나다. 내가 먼저 이해하고 받아들여야 관계에서도 우위를 점할 수 있다.

강한 사람이 관대해질 수 있다는 것을 잊지 마라. 약하거나 능력이 없으면 관대하고 싶어도 관대할 수 없다. 내가 힘이 달리니 당연히 매사에 민감하게 따지고 드는 것이다. 그 까짓 것! 하고 넘길 수 있는 사람에게 기회도 더 많이 오고 사람들이 모여든다.

3. 여자가 아닌 실력으로 승부하라

합리적이고 공정한 시스템이 정립되지 않은 곳에서는 여자가 리더라는 사실이 갈등의 원인이 될 수도 있다. 자기보다 실력이 월등한데도 단지 여자라는 이유로 여자 위에 군림하려는 낡은 사고방식을 가진 남자들은 있기 때문이다. 무조건 잘못됐다고 탓하기 전에 우리 사회 전반의 정서를 감안하여 합의점을 찾으려는 노력이 필요하다.

인간관계의 문제는 비단 '남자 VS 여자' 문제에 국한되지 않는다. 여성 사이에서의 갈등도 얼마든지 관찰되기 때문이다. 같은 여자끼리 돕고 연대하고 지지를 보내도 모자랄 판에 시샘과 견제, 질시 같은 부정적인 감정에 휩싸여 에너지를 소모하고 조직 분위기를 망치는 경우도 자주 발생한다. 이 소모전의 결과는 여성 개개인에게도 불이익으로 작용한다.

이런 상황이 벌어지면 어떻게 해야 할까? 사업을 하면서 여자의 입장에서 이 점을 생각하지 않을 수 없었다. 사업이 커지고 직원이 점점 많아지면서 어떻게 하면 인화하고 협력하는, 좋은 팀워크의 회사를 만들 수 있을까 밤낮으로 노심초사하게 된다.

내가 내린 결론은 시스템이었다. 사람의 내공이나 실력도 여러 단계가 있듯이 회사도 단계를 밟아 성장하는데, 위로 올라갈수록 시스템이 갖춰져 있지 않으면 문제가 생길 가능성도 높다. 개개인의 문제점을 보완해줄 시스템이 완비되어 있지 않으면 조직은 약화되기 마련이다. 개개인의 힘에 의존하는 조직은 개인 역량의 차이에 따라 조직력에서 큰 차이를 보인다.

그렇다고 시스템에만 기대는 것도 문제다. 개개인에게 공과 사를 구분할 줄 아는 성숙한 태도와 상대의 입장에서 문제를 바라볼 줄 아는 이해심이 없다면 어렵게 만들어놓은 시스템도 제대로 작동하지 못한다.

내가 부족한 걸 진솔하게 인정하고 건의할 수 있을 만큼 평소 조직에서 신뢰를 쌓고 실력을 인정받아야 한다. 이해심도, 공정한 태도도 모두 실력에서 나오고, 또 실력을 이루는 요소가 된다.

실력이 부족할 때 사람은 편법을 쓰게 된다. 어떻게든 살아남기 위해 해서는 안 되는 일도 선뜻 감행하게 된다. 남한테 부탁하고 의지하는 방식으로 일을 하다보면 일에 끌려가기 때문에 위기가 발생했을 때 해결책도 찾지 못하게 된다. 일처리 능력을 갖추고 나서야 직원에게든 거래처에게든 당당하게 나의 요구사항을 말할 수 있다.

만일 여러분이 경영에 대한 전문성이 떨어지거나 혹은 여자로서 지닌 약점 등이 발목을 잡는다면 반드시 해결 방안을 찾아야 한다. 관계 안에서 문제를 풀려는 노력이 우선이고 스스로도 개선하려는 의지가 있어야 한다. '나는 약한 여자가 아닌가' 하는 생각으로 대충 넘어가려고 한다면 절대 지금 속해 있는 연못을 떠나서 큰물로 갈 수가 없다. 오히려 남이 생각하지 못한 대안이나 창의적인 의견을 제시함으로써 상대를 내 쪽으로 끌어올 수 있는 실력과 패기를 갖추어야 정글과도 같은 비즈니스 세계에서 자기 몫을 담당할 수 있다.

4. 여자로서의 약점을 장점으로 승화하라

여자가 가진 섬세함과 모성성은 조직 생활에서 긍정적으로 쓰일 수 있다. 겁이 많다는 점도 단점이 아닌 매사 조심스럽게 접근하는 신중함으로 승화시키면 된다. 우리나라 경제구조가 서비스업인 3차 산업의 비중이 커짐에 따라 소비자를 직접 상대하는 감정 노동자가 늘었다. 여성노동인구가 증가한 것도 서비스업 종사자가 늘어났기 때문이기도 하다.

경쟁업체가 한둘이 아닌 상황에서 소비자가 원하는 것이 무엇인지 재빨리 간파해야 단골을 늘릴 수 있다. 그러기 위해서는 고객의 절대 다수인 여성 소비자의 마음을 살피는 공감능력이 필수다. 이런 점에서 관계를 중시하고 타인의 마음을 읽어내는 데 능숙한 여성이 유리하다고 할 수 있다.

"입장 바꿔 생각해보자. 나라면 어떻게 할까? 이 일을 어떻게 느낄까?"

나 역시 작은 일도 그냥 지나치지 않는 세심한 마음으로 일을 해서 덕을 많이 봤다. 지금 나는 성공을 향해 나아가고 있는 입장이지만 처음 사업을 시작할 때부터 나 자신의 이익뿐 아니라 나와 거래

관계를 맺고 있는 사람들의 만족도 늘 깊이 고려했다.

달콤한 사탕발림 같은 언변만 있으면 물론 한 번의 거래는 가능하다. 그러나 지속적인 거래처가 되기 위해서는 고품질의 상품과 서비스가 필요하다. 좋은 품질로 상대에게 이익을 가져다주는 것이 좋은 관계를 오래 지속하는 비법이다. 꼼꼼하게 매번 품질을 체크하는 노력과 정성은 고객을 감동하게 했고, 농부에게도 품질에 대한 긴장을 놓지 않게 했다.

5. 언제나 다음 목표를 향해 나아가라

현재에 만족하면 미래는 없다. 정지하면 퇴보하고 지금 가진 것도 줄어들게 된다. 1cm라도 앞으로 나아가야 현상유지가 된다. 비즈니스는 흐르는 강물을 거꾸로 오르는 것과 같다. 노를 젓지 않으면 지금 자리도 지키기 힘들다.

신기한 것은 내가 조금씩이라도 발전하려고 노력한다는 사실을 상대가 알아차리면 상대는 더욱 적극적으로 나와 협력관계를 유지하고 싶어 한다는 점이다. 사람 보고 투자한다는 것이 이를 두고 하는 말이다.

한 분야를 개척하고 나면 그 자리에서 보이는 목표물이 새로 생기게 마련이다. 골목길을 생각해 보라. 모퉁이 끝까지 걸어갔을 때 비로소 다음 길이 보이지 않는가. 배달과일에서 선물 패키지로, 국내시장에서 해외시장으로, 과일유통에서 생산자 교육과 실험실 운영까지 사업 내용을 확장시킬 수 있었던 것도 한 가지 일을 끝까지 밀고 나갔기 때문이다. 그때 다음 일이 보인다.

다음 단계로 나아가는 것을 두려워하지 않게 되면 지금 하는 일에 더 집중하고 완벽을 추구하게 된다. 오늘이 있어야 내일이 있다는 사실을 알게 되니 오늘을 살아갈 동기부여가 되고 힘이 난다.

'이걸 잘하면 그 다음 내가 원하는 것을 할 수 있어.'

종종 이룰 만큼 이룬 사람이 왜 아직도 고생하면서 새 사업을 벌이는 걸까, 의아해할 수 있다. 사업의 속성이기도 하지만 한 가지 일을 하면 주변의 다른 일거리들이 눈에 들어오기 때문이다. 머릿속에 온통 사업 생각밖에 없어서 그렇다. 그래서 힘든 줄도 모르고 일을 좇는다.

성공도 중독이다. 성공한 사람은 그 무엇을 해도 처음만큼 만족을 얻지 못한다. 그 때문에 어떻게든 다음 성공을 이루려고 혼신을 다한다. 이름난 CEO들이 다음 성공을 위해 날마다 시간을 쪼개 운동을 하고, 전문가를 초청해 강의를 듣고 책을 읽는 것도 그 때문이다. 육체와 정신이 건재해야 더 나은 성과를 거둘 수 있다는 걸 잘 알고 있다.

농사 그리고 귀농에 관심을 갖고 있는 당신에게

농사도 전력투구해야 하는 사업이다

"남은 인생은 농사를 지으면서 살 거다."

"농부가 될 생각이다."

"농촌에 살고 싶다."

요즘 이런 말을 하는 사람들이 점점 늘어나고 있다. 베이비부머 세대들이 퇴직을 앞두고 있고 이들은 대부분 어릴 때 농촌을 경험한 사람들이다. 자신도 모르게 농촌에 대한 향수가 마음 깊이 자리 잡고 있다. 거기다 생태나 환경에 관심을 가진 젊은 층과 도시생활에 대한 회의 때문에 귀촌하는 사람도 다수 포함되어 있다.

귀농학교를 다니고 엄청난 양의 정보를 습득하면서 물심양면으로 귀농에 대해 준비하고 있지만 도시에 사는 사람이 단기간에 농촌 현실을 속속들이 아는 데는 무리가 있다. 공부는 충분히 하고 나름의 정보를 습득하는 것은 워밍업이고, 부족한 부분은 농촌에 가서 살면서 농부에게 직접 배우고 익히는 수밖에 없다. 그러나 성공한 농가들이 이구동성으로 하는 얘기는 사전교육을 철저히 받고 농촌에서 농사를 직접 지어보고 현장경험을 쌓은 다음 귀농하라는 것이다. 그분들의 얘기를 정리하자면 이렇다.

1. 판매에 문제가 없는 품목을 선택하라.

2. 현장에서 직접 해보면서 농사짓는 법을 체득하라.

3. 당장 수익이 나는 것이 아니니 마음의 여유를 갖고 기다릴 수 있는 규모로 시작하라.

무엇보다 마음가짐이 중요하다. 노년을 평화롭게 보내기 위한 수단으로 귀농을 선택한다면 100% 실패하기 십상이다. 농촌 또한 도시 못지않게 성실함과 노력이 필요한 생활공간이고, 여러 사람들이 어우러져 사는 곳이다. 도시처럼 수직적인 관계는 아니더라도 또 다른 형태의 인간관계를 맺어야 살 수 있다.

일도 마찬가지다. 회사에 처음 입사한 신입사원의 마음으로 심기일전해서 하나하나 새로 배워가야 한다. '맨 땅에 헤딩하기'에 지쳐 울고 싶을 때도 있겠지만 다 지나가는 과정이다. 그럼에도 다른 일처럼 전력투구해야 가능하지 대충 시간이나 때우자는 식으로는 안 된다. 적당히 놀면서 심심풀이로 농사나 짓자는 생각이라면 차라리 서울에 살면서 텃밭이나 주말농장을 하는 게 낫다.

농업은 단순히 식량 확보를 위한 1차 산업이 아니라 다양한 측면에서 인간의 생존과 연결되어 있다. 생태계 얘기를 할 때마다 농업을 들먹이는 이유도 거기에 있다. 농부가 논농사 얼마를 포기할 때마다 우리가 마시는 산소가 얼마 줄어든다는 등의 얘기가 나오는 것도 그만큼 농업은 인간의 생존과 직결되어 있다는 것을 말해준다.

내가 사는 서울에서도 농사체험을 원하는 사람들이 늘고 있는 추세다. 베란다에 텃밭을 가꾸고 싶다는 사람에서부터 주말농장을 찾는 사람, 방학 때 농촌봉사활동을 하는 학생, 종자보존 운동에 관심을 갖는 사람, 장기적으로 귀농하려는 사람까지 농사를 짓거나 농촌에 살고 싶어 하는 사람의 부류도 다양하다.

그럼에도 불구하고 대개가 전업으로 농업을 선택하기를 망설인다. 동경하거나 참여할 수는 있지만 여태까지 살아온 삶과 큰 차이가 있는 농촌에서 산다는 것에 대해 두려움을 갖고 있다. '더 빨리, 더 강하게, 더 똑똑하게' 살아온 사람들이 자연의 긴 호흡에 맞춰 산다는 것이 말처럼 쉽지만은 않을 것이다.

넘어야 할 산은 많겠지만 일단 시작된 귀촌 움직임은 계속 진행되고 마침내는 성공적인 정착으로 이어질 것이다. 이미 절반의 성공은 이루었다고 생각한다. 각자의 노력 여하에 따라 실패든 안착이든 판가름 날 것이다. 성공한다면 제2의 이모작 인생이 열릴 것이고, 실패한다면 교훈을 얻을 것이다. 아무튼 철저한 준비가 필요하다. 실제의 농촌을 보고 경험하면서 과연 거기서 무슨 일을 해야 하며, 어떻게 살아가야 할지를 고민해봐야 한다.

농사는 기다림의 연속

내가 가까이서 지켜본 농사는 기다림의 직업이다. 생물과 흙이 조화를 이루어 채소와 과일을 가져다줄 때까지 기다리는 시간이 필요하다. 봄을 기다려 씨를 뿌리고 싹이 나기를 기다리고 싹이 자라 꽃이 피고 열매가 맺히기를 기다린다. 이 기다림이 충분하지 않을 때 문제가 생긴다.

좋은 과일은 알맞은 시간과 정성의 결과물이다. 기다리지 못하게 하는 여러 방해요인은 자연의 섭리와는 거리가 멀다. 자연의 섭리를 거스르며 재배를 하면 결과적으로 농부나 과일을 먹는 사람 둘 모두에게 이롭지 않다. 햇볕과 바람이 과일을 충분히 숙성시킬 때까지 기다리는 마음은 농사를 짓는 내내 필요한 마음가짐이다.

시장에 나가 과일가게에 쌓여 있는 과일을 보면 단박에 알 수 있다. 과일도 얼굴이 있어서 거기에 이력이 다 씌어 있다.

'저 과일은 햇볕과 바람을 충분히 쏘이고 제대로 익을 때까지 기다려 수확한 것이구나.'

'조금만 더 기다렸더라면 더 보기 좋고 맛있는 과일이 되었을 텐데 조금 미리 땄구나.'

땡볕에 나가 순을 따주고 과일을 솎아내며 농사를 지을 때는 최대한 품질 좋은 과일을 수확하고 싶을 것이다. 그리고 제값을 받고 시장에 내다팔기를 바랄 것이다. 과일이 익어갈 때는 이것을 수확할 때쯤 가격이 좋아야 하는데 가격이 떨어지면 어쩌나 걱정이 앞선다.

이때를 경계해야 한다. 그래서 좋은 거래처를 만나는 게 중요하다. 정당한 값으로 시장에 내다파는 일을 맡아줘야 농부가 최적의 수확 타이밍을 지킬 수 있기 때문이다. 기다림의 시간이 저절로 찾아오는 것은 아니다. 전부 협력과 합심의 결과인 것이다.

흙속의 다양한 미생물이 식물을 키우는 시간, 계절마다 바람과 비, 벌레들의 시간, 비가 땅속에 스며들면 식물의 뿌리가 그것을 빨아들이는 시간, 지형이나 기후, 식생, 생물의 성장에 맞추어서 그에 따라 적절하게 베풀어지는 농부들의 시간이 과일에 어려 있다.

그뿐이 아니다. 계절에 따른 농부들의 삶의 리듬, 그리고 음식물이 도시로 운반되는 유통의 시간, 조리와 숙성의 시간, 그 음식을 가족이나 친구들과 식탁에 둘러앉아 먹고 즐기는 시간까지 이 모든 과정은 농부의 손에서부터 시작해서 우리의 입까지 한 줄로 연결되어 있는 생명의 시간이다. 이 과정을 참을성 있게 묵묵히 기다릴 수 있어야 한다. 그래야 농사도 된다.

요즘 뭐든 느리게, 일의 리듬이 아니라 인간의 리듬에 맞게 하자는 슬로(slow) 문화 열풍이 불고 있지만 농업이야말로 슬로 라이프의 모범답안이다. 농부가 농사짓는 걸 옆에서 보면 작물을 자식 키우듯 한다. 실제로 농작물은 농부의 자식이다.

다 키운 다음 내다판다는 점에서 차이가 있지만 하루 종일 농부의 발자국 소리를 듣고 자라는 과일과 더불어 사는 게 농촌의 삶이다. 모든 사랑에는 시간과 수고가 필요하다. 사랑하는 대상을 위해서라면 기꺼이 생고생도 하는 법이다.

농가에 보내는 편지

지금도 당신은 땡볕 아래서, 하우스 안에서 구슬땀을 흘리고 있겠지요. 이 더운 여름, 나 역시 사무실에서 집에서 농가들의 밭고랑과 과일나무를 생각하며 열심히 일한답니다. 과수원에 들어섰을 때 코로 파고들던 달콤한 향내, 당신의 손을 잡았을 때 풍겨오는 땀내를 생각하며 오늘도 부지런히 뛰고 있습니다.

좋은 이웃은 천금을 주고도 산다는 천금매린(千金賣隣)이라는 중국고사가 있다는 말을 듣고 나는 당신을 생각했습니다. 세상 물정 모르는 한 선비가 낡아서 다 쓰러져가는 집을 비싼 값을 주고 살 때 세상 사람들은 모두 비웃었습니다. 그런 헌 집을 큰돈을 주고 사다니 어리석기 그지없다는 뜻이지요. 선비는 빙긋이 웃으면서 대답했답니다.

"저 집의 옆집에는 덕망 있고 지혜로운 훌륭한 선비가 산다. 나한테는 천금이 아깝지 않을 만큼 배울 점이 많은 좋은 이웃이다."

저도 비슷한 마음입니다. 사람들이 왜 그렇게 골치 아프게 농가들을 일일이 찾아다니고 관리하면서 어렵게 사업을 하느냐고 힐난 섞인 질문을 합니다. 그 사람들이 걱정해주는 마음은 잘 압니다. 하지만 나에게는 내가 갈 길이 있습니다. 내가 원하는, 나아가 고객이 찾는 맛있고 건강한 과일을 가꾸는 농부를 만나고 그 분들이 다른 걱정 없이 오직 농사만 지을 수 있게 하는 것이 나의 일이라고 대답했습니다.

내가 가고자 하는 길이 어떤 길인지 알고 나와 뜻을 같이 하는 농가들은 내게 천금을 주고 사는 이웃보다 더 귀한 존재들입니다. 농가가 없다면 내가 하는 과일 사업이라는 것이 애초에 존재할 수도 없으니까요. 한 배를 타고 운명을 같이하며 긴 항해를 떠나고 있는 거라고 생각합니다.

제가 길게 말하지 않아도 아시리라 생각합니다. 저는 꿈이 큰 사람입니다. 저는 하고 싶은 일이 많은 사람입니다. 그 일을 생각하면 밥을 먹지 않아도 배가 고프지 않고, 잠을 자지 않아도 피곤하지 않을 정도로 제 마음이 그득해집니다. 그 꿈을 꼭 이루고 싶습니다.

당신과 함께 우리나라의 과일시장을 바꿔보고 싶습니다. 더 많은 사람이 맛있는 과일을 먹을 수 있도록 우리가 그 일을 해냅시다. 지금의 과일시장은 고객이 제철에 가장 맛있는 과일을 먹을 수 없게끔 형성되어 있습니다. 돈을 벌기 위해서 그때까지 기다리지 못하고 과일을 일찍 딸 수밖에 없기 때문입니다. 기다렸다가 제값을 받고 팔고 싶은 마음이야 굴뚝같지만 물량이 몰렸을 때 닥치게 될 가격폭락을 두려워하는 것이지요. 제값을 주고 사주는 사람만 있다면 얼마든지 기다릴 수 있는 데도 말입니다. 제가 그 일을 하겠습니다. 저를 믿고 저와 함께 갑시다.

여러분은 과일의 부모입니다. 그 과일들이 가장 맛있는 때가 언제인지 제일 잘 압니다. 자식이 가장 고울 때 가장 빛날 때 시장에 내보낼 수 있도록 제가 최선을 다해 노력하겠습니다. 우리가 손을 맞잡고 그 일을 잘 해내야만 우리의 소비자, 우리의 어린 세대들이 좋은 과일을 먹고 건강한 삶을 살아갈 수 있다는 믿음을 끝까지 지켜냅시다.

하늘에서는 화로 같이 뜨거운 햇볕이 내리쬐고, 가뭄이다 홍수다 당신의 애간장을 다 태우는 날들이 지나면 밭에서는 과일이 탱글탱글 익어갈 것입니다. 그 날을 생각하며 저는 오늘의 수고를 달게 여기겠습니다. 식탁에 놓인 과일을 집어 한 입 베어 물며 미소 짓는 어린아이와 그 부모 고객들을 위해 당신도 흐르는 땀을 너무 안타까워하지 말기를 바랍니다.

머지않아 사과가 익고 귤이 익고 또 딸기가 익어가겠지요. 향기 가득한 농장을 곧 찾아가겠습니다. 그때까지 몸 건강히 행복하게 잘 지내시기 바랍니다. 언제나 감사한 마음 잊지 않겠습니다. 다함께 행복하고 다함께 미소 지을 수 있는 그날을 위해 파이팅을 외칩니다.